高等职业教育规划教材

客舱服务与管理

KECANG FUWU YU GUANLI

何蕾 主编

化学工业出版社

·北京·

内 容 提 要

《客舱服务与管理》体现了以职业活动为导向、以职业能力为核心的特点，结合教育部等部门联合印发的《关于在院校实施"学历证书＋若干职业技能等级证书"制度试点方案》，即"1＋X"证书——《空中乘务职业技能等级标准》中的机上服务职业技能要求，系统介绍了客舱乘务员岗位职责等理论知识，以及客舱服务设备与客舱环境、飞行阶段工作标准、特殊旅客服务规范与细微服务、客舱服务管理、特殊飞行注意事项等理论与实践操作，每个单元设有思考题，并按服务流程编入项目训练，理论联系实际。为方便教学，本书配有电子课件。

本书可供职业院校和普通高等院校空中乘务、航空服务等专业课程理论与实践教学使用，也可作为民航相关单位的培训教材。

图书在版编目（CIP）数据

客舱服务与管理/何蕾主编．—北京：化学工业出版社，2020.10（2024.10重印）
高等职业教育规划教材
ISBN 978-7-122-37408-0

Ⅰ.①客⋯ Ⅱ.①何⋯ Ⅲ.①民用航空-旅客运输-商业服务-高等职业教育-教材 Ⅳ.①F560.9

中国版本图书馆CIP数据核字（2020）第129557号

责任编辑：旷英姿　姜　磊　　　　　　　装帧设计：王晓宇
责任校对：刘　颖

出版发行：化学工业出版社（北京市东城区青年湖南街13号　邮政编码100011）
印　　装：北京七彩京通数码快印有限公司
787mm×1092mm　1/16　印张12　字数288千字　2024年10月北京第1版第4次印刷

购书咨询：010-64518888　　　　　　　　售后服务：010-64518899
网　　址：http://www.cip.com.cn
凡购买本书，如有缺损质量问题，本社销售中心负责调换。

定　价：33.00元　　　　　　　　　　　　　　　　　　　版权所有　违者必究

《客舱服务与管理》 编写人员名单

主　编　何　蕾

副主编　苏雅靓　呙　磊

编写人员（按姓名笔画排序）

　　　　　王　璐　　湖南外贸职业学院

　　　　　刘奕纯　　北京中航未来科技集团有限公司

　　　　　苏雅靓　　长沙航空职业技术学院

　　　　　呙　磊　　长沙商贸旅游职业技术学院

　　　　　何　蕾　　长沙航空职业技术学院

　　　　　罗娅晴　　长沙航空职业技术学院

　　　　　赵　晋　　北京城市学院

前言

近年来，国民经济的高速发展带动了民航业的迅猛发展。民航业高科技、高风险、高投入的行业特征，决定了其用人标准的严格要求，民航从业人员必须具备较高的专业技能、安全技能和服务技能。当前，我国民航服务领域已由高速增长阶段转向高质量发展阶段，推动和实现民航服务高质量发展，是当前和今后一个时期民航业的路径方向和目标任务，而高质量服务必将进一步对民航人才提出更高的要求和更大的挑战。

民航乘务员岗位主要履行安全和服务职责，其中客舱服务是乘务员与旅客面对面、直接打交道的过程，是服务的重要环节，客舱服务的水平会直接影响旅客对航空公司的整体印象。因此，民航乘务员服务技能是民航从业人员必备的职业技能，需要在掌握服务知识的基础上，进行大量的情景模拟训练。

本书从民航乘务员岗位应掌握的服务技能出发，系统介绍了客舱乘务员岗位职责等理论知识，以及客舱服务设备与客舱环境、飞行阶段工作标准、特殊旅客服务规范与细微服务、客舱服务管理、特殊飞行注意事项等理论与实践操作。每个单元设有思考题，并按服务流程编入项目训练，理论联系实际，以激发学生自主学习的积极性。

本书编者结合二十余年的企业实践经历与理论教学经验，通过对民航服务、航空公司乘务员手册、航空公司客舱服务规范等书籍资料的研读，参阅大量培训教材及企业资料，撰写了本教材。本书编写组成员从事民航领域飞行和客舱管理及教学实践多年，主编是湖南省高职空中乘务专业技能题库开发项目主持人，所有参编人员均具有国内外航空公司飞行经验，具有国际航协乘务教员资质。

本书体现了以职业活动为导向、以职业能力为核心的特点，结合教育部等部门联合印发的《关于在院校实施"学历证书+若干职业技能等级证书"制度试点方案》，即"1+X"证书——《空中乘务职业技能等级标准》中的机上服务职业技能要求，可供职业院校和普通高等院校空中乘务、航空服务等专业课程理论与实践教学使用，也可作为民航相关单位的培训教材。

本书由长沙航空职业技术学院何蕾主编，长沙航空职业技术学院苏雅靓、长沙商贸旅游职业技术学院吕磊为副主编，全书由何蕾负责统稿。具体编写分工如下：单元1由何蕾编写，单元2由何蕾、王璐编写，单元3由何蕾编写，单元4由苏雅靓、赵晋编写，单元5由吕磊、苏雅靓、何蕾编写，单元6由苏雅靓、何蕾、刘奕纯编写，单元7由罗娅晴编写，单元 8 由何蕾编写，全书思考题、项目训练及附录由何蕾收集整理。中国南方航空公司客舱服务部资深专家冯文燕为本书审稿，并提出了宝贵的建议。本书在编写过程中参考和借鉴了很多业内外人士的观点、研究成果和行业企业的操作标准与工作规范。在即将出版之际，谨向上述有关单位和个人表示衷心的感谢。

由于编者水平有限，书中难免存在疏漏与不足之处，恳请专家和读者批评指正。

编者

2020 年 4 月

目 录

1 单元1　客舱服务与管理概述　/001

1.1　服务与客舱服务　/002
  1.1.1　服务概述　/002
  1.1.2　客舱服务　/004
1.2　管理与客舱管理　/008
  1.2.1　管理概述　/008
  1.2.2　客舱管理　/009
思考题　/011

2 单元2　客舱乘务员　/012

2.1　客舱乘务员概述　/013
  2.1.1　客舱乘务员的定义　/013
  2.1.2　客舱乘务员工作的特点　/014
  2.1.3　客舱乘务员资格　/014
  2.1.4　客舱乘务员飞行证件（CCAR-121-R4.381）　/016
  2.1.5　客舱乘务员的配备　/017
2.2　客舱乘务员职业素养　/018
  2.2.1　客舱乘务员职业道德素养　/018
  2.2.2　客舱乘务员礼仪规范　/019
思考题　/020

3 单元3　客舱乘务员与航空安全员岗位职责　/021

3.1　乘务组及乘务岗位职责　/022
  3.1.1　客舱乘务员岗位职责　/022

3.1.2　头等舱乘务员岗位职责 / 022
　　　3.1.3　乘务长/区域乘务长岗位职责 / 023
　　　3.1.4　主任乘务长岗位职责 / 023
　3.2　航空安全员岗位职责 / 024
　　　3.2.1　航空安全员岗位职责 / 024
　　　3.2.2　客舱乘务员机上安全保卫职责 / 025
　　　3.2.3　机上不安全事件的汇报途径 / 025
思考题 / 026

单元4　客舱服务设备与客舱环境　/ 027

　4.1　客舱设备简介 / 028
　　　4.1.1　飞机动力 / 028
　　　4.1.2　客舱整体布局 / 030
　　　4.1.3　客舱储藏空间 / 033
　　　4.1.4　乘客服务单元和氧气面罩 / 033
　　　4.1.5　客舱乘务员工作岗位 / 036
　4.2　客舱灯光及通信设备 / 037
　　　4.2.1　客舱灯光系统 / 037
　　　4.2.2　客舱内话系统 / 040
　　　4.2.3　客舱广播系统 / 041
　　　4.2.4　娱乐系统 / 042
　4.3　机上卫生间 / 042
　　　4.3.1　机上卫生间设施简介 / 042
　　　4.3.2　机上卫生间灭火系统 / 046
　　　4.3.3　机上卫生间清洁的要求 / 047
　4.4　机上厨房 / 048
　　　4.4.1　厨房电力和控制面板 / 048
　　　4.4.2　厨房设备及使用方法 / 049
　　　4.4.3　厨房管理要求 / 053
　4.5　客舱舱门 / 053
　　　4.5.1　客舱舱门结构及功能 / 054
　　　4.5.2　开关舱门的操作方法 / 056
　4.6　翼上出口简介 / 057
　　　4.6.1　翼上出口 / 057
　　　4.6.2　出口座位 / 058

4.7 客舱设备使用要求与故障报告 / 060
    4.7.1 客舱设备使用要求 / 060
    4.7.2 客舱设备故障报告 / 060

思考题 / 061

单元5　飞行阶段工作标准 / 063

5.1 预先准备阶段 / 064
    5.1.1 个人准备 / 064
    5.1.2 乘务组签到 / 066
    5.1.3 乘务组准备会 / 066
    5.1.4 进场及登机 / 068

5.2 直接准备阶段 / 068
    5.2.1 个人物品放置 / 068
    5.2.2 机组协同 / 069
    5.2.3 飞行前客舱设备检查 / 069
    5.2.4 服务准备工作 / 071
    5.2.5 清舱工作 / 073

5.3 飞行实施阶段 / 073
    5.3.1 地面实施阶段 / 073
    5.3.2 空中实施阶段 / 084
    5.3.3 着陆前 / 098
    5.3.4 着陆后 / 100

5.4 航后讲评阶段 / 102
    5.4.1 机组讲评 / 102
    5.4.2 乘务组讲评 / 102

思考题 / 103

单元6　特殊旅客服务规范与细微服务 / 105

6.1 各舱位细微服务要求 / 106
    6.1.1 经济舱 / 106
    6.1.2 头等舱 / 108

6.2 特殊旅客服务要求 / 112
    6.2.1 重要旅客保障与服务 / 112
    6.2.2 金银卡和工商界重要旅客服务 / 114

6.2.3 婴儿旅客服务／115
6.2.4 孕妇旅客服务／116
6.2.5 儿童旅客服务／120
6.2.6 老年旅客服务／124
6.2.7 病残旅客服务／128
6.2.8 晕机旅客服务／133

6.3 机组细微服务／134

思考题／136

单元7 客舱服务管理 ／138

7.1 颠簸处置／139
    7.1.1 颠簸的分类及处置／139
    7.1.2 颠簸处置程序及操作细则／140

7.2 签收文件与物品／141
    7.2.1 签收文件／141
    7.2.2 机供品管理／142

7.3 旅客物品管理／144
    7.3.1 开关行李架／144
    7.3.2 摆放行李／144
    7.3.3 旅客物品遗失处置／145

7.4 客舱乘务员管理／146
    7.4.1 客舱值班管理／146
    7.4.2 乘务员换组交接管理／147
    7.4.3 乘务员加机组管理／149

7.5 旅客与航班不正常服务与管理／150
    7.5.1 混舱与超售旅客管理／150
    7.5.2 航班等待/延误旅客管理／151

思考题／153

单元8 特殊飞行注意事项 ／155

8.1 高原飞行／156
    8.1.1 高原机场和高原反应／156
    8.1.2 航前乘务员专项准备要求／158
    8.1.3 执飞高原和高高原机场的要求／159

8.2　节日飞行 / 161
  8.2.1　节日飞行的特点 / 161
  8.2.2　节日飞行注意事项 / 161

8.3　夏季飞行 / 162
  8.3.1　夏季飞行注意事项 / 163
  8.3.2　夏季飞行应急预案 / 163

8.4　冬季飞行 / 164
  8.4.1　冬季飞行注意事项 / 164
  8.4.2　冬季飞行应急预案 / 165

思考题 / 165

附录　/166

附录1　摄氏与华氏温度对照表 / 167
附录2　客舱广播词参考 / 167
附录3　机上遗失物品交接单 / 172
附录4　服务用语库（经济舱）/ 172

参考文献　/180

Chapter 01

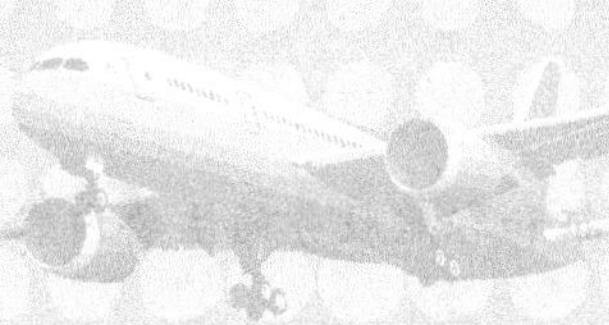

单元 1

客舱服务与管理概述

知识目标

1. 了解服务的定义和特征。
2. 理解客舱服务的定义、特征和客舱服务的主要内容。
3. 了解管理的概念和职能。
4. 理解客舱管理的概念。
5. 了解客舱资源管理的概念和意义。
6. 理解客舱管理的意义，提高服务意识。

1.1 服务与客舱服务

1.1.1 服务概述

1. 服务的定义

几乎每一个人对"服务"一词都不会陌生，但如果要回答"什么是服务"，可能没有几个人能说得清楚。服务概念是服务理论研究的逻辑起点，其重要性不言而喻。很多学者都试图解释"服务是什么"，给它下过定义，但由于服务是看不到、摸不着的东西，而且应用的范围也越来越广泛，所以直到今天，还没有一个权威的定义能为人们普遍接受。在古代，"服务"是"侍候、服侍"的意思，随着时代的发展，"服务"不断被赋予新意，如今"服务"已成为整个社会建立人际关系的不可或缺的基础。

社会学意义上的服务，是指为他人、集体的利益而工作或为某种事业而工作。经济学意义上的服务，是指以等价交换的形式，为满足企业、公共团体或其他社会公众的需要而提供的劳务活动，它通常与有形的产品联系在一起。

1960年，美国市场营销协会（AMA）给"服务"下的定义为："用于出售或者是同产品连在一起进行出售的活动、利益或满足感。"这一定义在此后的很多年里一直被人们广泛采用。

1974年，斯坦通（Stanton）指出："服务是一种特殊的无形活动。它向顾客或工业用户提供所需的满足感，它与其他产品销售和其他服务并无必然联系。"

1983年，莱特南（Lehtinen）给"服务"下的定义是："服务是与某个中介人或机器设备相互作用并为消费者提供满足的一种或一系列活动。"

1990年，格鲁诺斯（Gronroos）给"服务"下的定义是："服务是以无形的方式，在顾客与服务职员、有形资源等产品或服务系统之间发生的，可以解决顾客问题的一种或一系列行为。"

当代市场营销学泰斗菲利普·科特勒（Philip Kotler）给"服务"下的定义是："一方提供给另一方的不可感知且不导致任何所有权转移的活动或利益，它在本质上是无形的，它的生产可能与实际产品有关，也可能无关。"

可见，经济学家定义"服务"的视角一般有四种：其一是将服务等同于劳务；其二是将服务等同于服务接受者自身或其物品的变化；其三是将服务看成是一种效用，是导致服务接受者或其所有物产生变化的原因;其四是认为服务无非是某种使用价值发挥效用,而不管这种使用价值是商品还是劳动。

2. 服务的特征

服务的特征是相对于制造的特征而言的。正是由于服务包含多层级的含义,因此服务也表现出了多层次的特征,主要体现在服务产品的特征、服务组织运营的特征和服务行为的特征三方面。

(1) 服务产品的特征　一般而言,服务产品很少以纯服务行为的形式出现,服务产品以服务活动过程为核心。因此,与物质的、静态的、可度量的物质产品相比,服务产品具有如下几个特征。

① 无形性　商品和服务之间最基本的,也是最常被提到的区别是服务的无形性,因为服务是由一系列活动所组成的过程,而不是实物,在这个过程中,我们不能像感觉有形商品那样看到、感觉或者触摸到服务。

对于大多数服务来说,购买服务并不等于拥有其所有权,如航空公司为乘客提供服务,但这并不意味着乘客拥有了飞机上的座位。

② 异质性　服务是由人表现出来的一系列行动,而且员工所提供的服务通常是顾客眼中的服务,由于没有两个完全一样的员工,也没有两个完全一样的顾客,那么就没有两种完全一致的服务。

服务的异质性主要是员工和顾客之间的相互作用以及伴随这一过程的所有变化因素所导致的,它也导致了服务质量取决于服务提供商不能完全控制的许多因素,如顾客对其需求的清楚表达的能力、员工满足这些需求的能力和意愿、其他顾客的到来以及顾客对服务需求的程度。由于这些因素的影响,服务提供商无法确知服务是否按照原来的计划和宣传的那样提供给顾客,有时候服务也可能会由中间商提供,那就更加大了服务的异质性,因为从顾客的角度来讲,这些中间商提供的服务仍然代表的是服务提供商。

(2) 服务组织运营的特征　服务企业与制造企业的生产经营活动有很大的区别,主要表现在服务企业运营过程中的顾客因素、时间因素、位置因素和劳动力因素以及分销渠道可电子化等方面。

① 生产和消费的同步性　大多数商品是先生产,然后存储、销售和消费,但大部分的服务却是先销售,然后同时进行生产和消费。

这通常意味着服务生产的时候,顾客是在现场的,而且会观察甚至参与到服务的生产过程中来。有些服务是很多顾客共同消费的,即同一项服务由多消费者同时分享,比如一场音乐会,这也说明了在服务的生产过程中,顾客之间往往会有相互作用,因而会影响彼此的体验。

服务生产和消费的同步性使得服务难以进行大规模的生产,服务不太可能通过集中化来获得显著的规模经济效应,问题顾客(一般指扰乱服务流程的人)会在服务提供过程中给自己和他人造成麻烦,并降低自己或者其他顾客的感知满意度。另外,服务生产和消费的同步性要求顾客和服务人员都必须了解整个服务传递过程。

② 易逝性　服务的易逝性是指服务不能被储存、转售或者退回。比如一个有 100 个座位的航班,如果在某天只有 70 位旅客,它不可能将剩余的 30 个座位储存起来留待下个航班销售。同理,一位咨询师提供的咨询也无法"退货",无法重新咨询或者将咨询转让给他人。

由于服务无法储存和运输,服务分销渠道的结构与性质和有形产品的差异很大,为了充分利用生产能力，对需求进行预测并制订有创造性的计划，成为重要的和富于挑战性的决策问题。另外，由于服务无法像有形产品一样退回，服务组织必须制定强有力的补救策略，以弥补服务失误，尽管咨询师糟糕的咨询没法退回，但是咨询企业可以通过更换咨询师来挽回顾客的信心。

（3）服务行为的特征　服务行为与制造行为都是一种劳动作业行为，都表现为一种过程。但是制造行为是按照计划进行的，主要与机器设备打交道，更注重技术成分。服务行为是以顾客需求为起点的，主要是与顾客或顾客的财物打交道。如果服务对象是顾客，那么更注重的是情感成分，如果服务对象是顾客的财物，那么更注重的是顾客的定制要求。归纳起来，服务行为具有如下三个特征。

① 定制性　顾客投入是开展服务活动的充分必要条件，因此只有顾客提出服务需求后，服务行为过程才能开始，这种关系就是定制。这就是说，顾客需求是服务行为的起点，服务工作是按照顾客需求进行的。相比之下，制造行为是按照生产计划进行的。制造企业在产品设计和生产计划中，一般也会考虑顾客的需求，但其考虑的是目标市场的共性需求，是通过市场调研得来的市场需求信息，不是真正购买该产品的顾客的需求。服务行为是按照顾客需求开始、进行和结束的，因此，定制性要求服务行为一定要对顾客需求做出及时的反应。

② 情感性　服务行为的对象可能是顾客本身，包括身体和精神，也可能是顾客的财物，包括实物和信息。如果加工对象是顾客的财物，那么服务员工的服务行为只要满足定制性和及时性的要求即可，如汽车维修员；如果加工对象是顾客本身，那么服务行为必须融入情感成分，并以适当的形式表演给顾客，以便增加顾客的情感体验。

③ 表演性　顾客对服务行为的需求除了追求基本的效用之外，往往还关注服务给消费者带来的精神满足，精神需求的满足主要依赖服务提供者仪式性的表演。实际上，服务行为中的表演本身就是服务行为的一部分。

服务行为表现为两部分：一部分隐藏在后台，顾客看不见，这部分行为只要做到及时性并满足质量要求即可；另一部分表现在前台，展现在顾客面前，它会直接影响顾客的感受和体验，因此要求服务员的服务行为具有表演性。莱纳德·L. 贝里（Leonard L. Berry）把服务解释为"一个行动，一次表演，一项努力"，也说明了服务具有表演性特征。体验经济理论研究也是在服务行为具有表演性的前提下展开的。

总之，服务产品是以服务行为为主导的产品组合，服务组织是以经营服务产品为主的组织，服务行为则是服务概念的核心。

1.1.2　客舱服务

1. 客舱服务的定义

客舱服务是指在特殊环境下为特殊群体提供的服务。

从狭义的角度看，客舱服务属于一种企业经济行为的范畴，但对服务品质的体现已经无法限定范围。就客舱服务的具体行为而言，客舱服务是按照民航服务的内容、规范要求，以满足乘客需求为目标，为航班旅客提供服务的过程。对客舱服务的这种理解，强调空中乘务是一个规范性的服务职业，体现了客舱服务作为服务行业的基本特征。很明显，对客舱服务狭义的理解无法涵盖客舱服务的全貌与本质，更无法体现客舱服务至高无上的特点。

从广义的角度看，客舱服务是以客舱为服务场所，以个人影响力与展示性为特征，将有形的技术服务与无形的情感传递融为一体的综合性活动。这一定义既强调了客舱服务的技术性,又强调了客舱服务过程中所不可缺少的情感表达及内心的沟通与互动,而对客舱服务人员的个人素质与外在形象的特殊要求,以及在服务过程中所表现出的亲和力与个人魅力,也包含在服务的内容之中。

客舱服务高雅、清新等至高无上的光环,也恰恰体现在客舱服务的特质以及服务本身的外延性所体现的意境中,同时决定了客舱服务的职业定位与职业发展趋势。

2. 客舱服务的特征

飞机客舱环境等因素的限制,使得客舱服务具有自身的特性,主要体现在以下几个方面。

(1) 安全是对客舱服务的首要要求　安全是民航的生命线,飞机的安全重要程度远远超过其他运输工具,没有安全就没有飞行,让乘客安全抵达目的地,是机组成员的基本任务。客舱服务的各项活动都是在动态的服务时空环境下展开的,涉及飞行状态、飞行技术、飞行的空域条件和客舱环境,决定了飞机在执行航班任务时一直处于非确定状态,而作为航班任务的执行者,所有的机上乘务员都应该遵循安全第一、服务第二的原则。在任何情况下,机组人员都必须把飞行安全放在首位,担负着观察、发现、处理各种安全隐患的任务,维持客舱秩序的任务,以及消除各种危机事件对飞行与客舱安全的影响的任务,特别是在紧急状态下,客舱乘务员作为机组的重要组成部分,担负着帮助乘客解决危机的责任。

因此,参与飞行安全管理是客舱乘务员的基本任务,客舱乘务员必须具备强烈的安全意识和职业精神,并具备熟练处置各种危机情况的技能,确保飞行安全,安全责任之大远远超过其他服务行业。

(2) 服务环境局限　飞机的客舱是一个特殊的场所,空间和资源有限,面积狭小,设施功能特殊,人员密集,而且客舱服务既受到飞行状态的影响,又受到乘客心理状态的影响。绝大部分服务工作是在运动中开展的,服务过程要受到飞行状态、各种规范的制约,在受限的环境中为乘客提供服务,并使乘客满意,是一项体力和脑力耗费较大的工作。因此,客舱乘务员的服务行为过程必须与机组人员密切配合,发挥团队精神。

(3) 服务过程专业　客舱乘务员的工作程序复杂烦琐,在飞机飞行中,不同阶段有着不同的特性,要求客舱服务过程必须符合技术规范的要求,不允许存在随意性。客舱中的各种设备、设施都与安全密切相关,操作过程严谨、规范。客舱服务内容涉及的范围广泛,每个过程与环节均有技术规范的要求。同时,在客舱内工作,一名客舱乘务员要负责多项任务,如要送餐送水、安排行李、迎客上下、进行安全宣传及示范、紧急救治、维护清洁等,有时还要处理途中发生的突发事件和紧急情况。

因此,客舱乘务员必须掌握相当丰富的服务知识、业务知识和社会知识,优质的空中服务离不开客舱乘务员服务的专业化,在程式化的服务中不断精进才能使客舱乘务员永远具有活力。

(4) 服务的国际化　民航是国际化程度较高的行业,国际民航组织与国际联盟在民航的技术、服务规范等方面均具有国际化的标准与基本准则。同时,各国领空的开放,国际航班越来越密集,交流的机会更加频繁,各国的客舱服务均渗透着文化的痕迹,反映着不同航空公司的服务理念,也就形成了不同的服务风格与服务模式。

国际化推动了各国客舱服务水平的提高,在客舱服务的共同目标和服务规范下,各国不断吸收其他国家客舱服务的优点,推出个性化服务,建立了具有本民族特点的服务模式,如国内航空公司与国外航空公司客舱服务人员的交流制度,就体现了国际化的特点。

（5）服务的民族性　客舱服务作为重要的展示窗口，一方面，通过具有民族特色的服务向各国人民展现本民族的特征，不同国家的人文环境与服务理念的差异，使得其服务更具有民族性；另一方面，各国人民也是通过客舱服务的窗口来了解一个民族的文化与传统，认识一个民族的素质、修养、文化与观念，形成对一个民族形象素质等整体的认识。

因此，民族性是每家航空公司客舱服务的最大特点，各国航空公司在提供特色服务的过程中，无不体现出民族的特征。例如，韩国大韩航空公司的客舱服务，反映了大韩民族的细腻、温馨、内敛含蓄；新加坡航空公司的客舱服务，反映了严谨科学的服务追求；法国航空公司的客舱服务，则具有浪漫轻松的服务氛围等。

民族性是客舱服务的外延特征，既超出服务范围之外，又体现在客舱服务之中，这是职业特点所赋予的基本属性。与其说客舱服务是一项服务性工作，倒不如说它是一项展示性工作。客舱服务不仅代表航空公司的形象，更代表着一个民族的整体形象，在小小客舱内，在有限的服务时间内，一个民族的素质尽展无遗。

3. 客舱服务的内容

客舱服务的基本内容，就是旅客必须享受的、具有一定标准与规范的服务内容。它是从旅客登机到离开飞机所必须得到的服务。这种服务是旅客具有的基本权利，也是航空公司的基本义务。从民航服务的特点和服务定位出发，客舱服务的基本内容应该包括如下几个方面。

（1）礼仪服务　以饱满的热情、迎宾的礼仪，迎接每位旅客的登机。迎宾礼仪是客舱乘务员直接服务于旅客的第一步，给旅客留下的心理感受将影响其对公司服务的评价，必须给予高度重视。

客舱乘务员负责在门区迎、送旅客，须向每一位旅客鞠躬致意、致欢迎或道别语。真诚、温馨、甜美的语言，送出了旅客登机的第一声问候。"您好，欢迎登机"这一句简单的问候，代表着机组成员对旅客真诚的问候与欢迎。

（2）引导服务　引导服务就是乘务员对走进客舱的旅客进行引导，使其能尽快找到自己的座位，安置好行李，尽快入座。机舱狭小、登机时间集中，会导致客舱内出现暂时性拥挤，因此，乘务员必须对旅客进行迅速疏导，否则容易引起混乱，延误航班。

（3）安全演示服务　通过演示过程使乘客对机上安全设备、设施用具等熟知，如安全带、氧气面罩、紧急出口位置等的使用；乘机过程中对旅客的基本要求，如紧急降落时的自我保护方式等。

目前，乘机安全演示有两种方式：一种方式是在播音的引导下，由乘务员通过示范动作和形体语言来完成；另一种方式是事先准备好演示的影像资料，通过多媒体进行播放。前者直观明了，具有亲切感，能较好地体现出乘务员与旅客的互动关系，但有时缺乏规范性。后者示范动作标准、规范，但由于没有现场气氛而对旅客缺乏吸引力。无论哪种方式演示，都展示了航空公司的整体形象与客舱服务人员的良好精神风貌，演示者必须精神饱满，动作规范，眼神与动作一致，甜美的微笑保持始终。

（4）安全服务

① 应急设备检查　乘务人员配合飞行员登机后根据各自的责任，对照"应急检查单"核实应急设备的位置，确认其处于待用状态。

② 航前清舱检查　在地面人员离机后，乘客登机前，有安全员的航班由安全员对乘客舱进行清舱检查，没有安全员的航班由乘务长指挥客舱乘务员对乘客舱进行清舱检查。对于

单元1 客舱服务与管理概述

检查出现的问题,按照安全规章,以必要的程序进行处理。

③ 旅客登机前的检查　在客舱安全检查和服务准备工作已经完成后,经济舱供旅客存放物品的行李箱全部打开,使其处于安全状态;机组成员的行李、飞行包等放在储藏间里。

④ 旅客登机时的安全检查　观察旅客的状态,将行李摆放稳妥,确认出口位置处旅客是否符合乘坐标准,出现情况及时报告乘务长。

⑤ 机门关闭后的安全处置　确认所有便携式电子设备关闭,乘务长下达滑梯预位指令后,各区域乘务员操作滑梯预位,并相互检查,通报各区位滑梯预位情况,实施机门再次开启程序。

⑥ 飞机推出停机位安全措施实施　根据飞行前的安全要求,对安全带系扎情况及椅背、餐桌、遮光板、通道畅通等情况进行检查。

⑦ 滑行至起飞前　妥善处理有特殊要求的旅客,检查洗手间是否为无人使用,处理客舱紧急情况,做好应对应急情况的思想准备。

⑧ 飞行中的安全服务　对飞行过程中的安全事项进行处理,防止各种事故隐患,保证全程飞行与旅客安全,包括行李箱关闭状态,餐车的滑动控制,全程监控驾驶门、客舱、洗手间、应急出口等。

⑨ 着陆前的安全服务　为保障飞机安全着陆所采取的一系列安全措施,包括旅客自身方面、机上硬件设施状况,如检查便携式电子设备关闭情况、安全带系扎情况,检查走廊与应急出口有无障碍、小桌板、电源、门、洗手间占用情况等。

⑩ 到达后的全面服务　做好旅客下机前的各项准备工作,如检查解除滑梯预位情况,打开舱门,确认客梯/桥停稳状态等。

⑪ 下机后的安全服务　清理客舱,检查有无滞留旅客与物品。发现问题要登记,并及时上报。

(5) 餐饮服务　按照服务规范向旅客提供餐饮服务,包括提供湿纸巾、饮料、酒水、餐食等,为有特殊需求的旅客提供特殊餐食。

客舱餐饮服务的标准因舱位、航程长短的不同而不同。

(6) 救助服务

① 旅客安抚　为乘机过程中出现恐慌畏惧的旅客提供心理服务,像亲人一样关怀开导,并提供帮助,使其平安到达目的地。

② 机上医务急救　对乘机过程中出现急性病症的旅客进行紧急救治,为旅客提供必要的医疗救助。

③ 特殊救助　对旅客登机后出现的非常情况或困难给予特殊救助,如登机前事件的延续处理、物品丢失、下机后的航班衔接问题等。

(7) 娱乐服务　为旅客提供报纸、期刊、视听等娱乐性服务,使旅客轻松愉快地度过旅途。

(8) 咨询服务　回答旅客关心的各种问题,如航线地理旅行常识、航空知识、所乘坐飞机的机型特点等。

(9) 机上商务服务　提供航线所经地区各种商品服务。目前,国际航班上商务服务发展较快,逐步向高档化、特殊化、民族化的方向发展。

(10) 飞行机组服务　机上机组人员的服务,也是由客舱乘务员完成的。服务基本原则包括:主动有礼、大方得体,确保与飞行机组的信息沟通及时准确,避免擅作主张和主观判断。

乘务组要主动与机组沟通，根据机组协同标准，逐一进行详细的准备和协同，了解航路天气及有关信息。

① 直接准备阶段工作完毕后，应提供机组饮料和毛巾，注意茶水不能倒得过满，拧紧瓶盖或盖上纸杯起到防溅作用。

② 为机组供餐的时间应事先询问机组每位成员，按需、按规定提供。对于机长和副驾驶，需提供不同的餐食。

客舱服务更多地表现出无形性的特点，旅客对航空公司服务的满意与否更多地取决于个性感受与内心体验。通常情况下，最能感动人的事件也就最能引起心理共鸣，最能给人留下深刻的记忆。在基本服务趋同的今天，各个航空公司的服务竞争也在从技术服务层面向内在服务层面转变，越来越重视个性服务与延伸服务。

1.2 管理与客舱管理

1.2.1 管理概述

1. 管理的概念

管理是人类各种组织活动中最普通和最重要的一种活动。管理是指在特定的环境条件下，一定组织中的管理者通过计划、组织、领导、控制及创新等手段，结合人力、物力、财力、信息等资源，以期高效地达成组织目标的过程。

广义的管理是指应用科学的手段安排组织社会活动，使其有序进行，对应的英文是 administration 或 regulation。狭义的管理是指为保证一个单位全部业务活动而实施的一系列计划、组织、协调、控制和决策的活动，对应的英文是 manage 或 run。

"科学管理之父"弗雷德里克·泰勒（Frederick Winslow Taylor）认为："管理就是确切地知道你要别人干什么，并使他用最好的方法去干。"

斯蒂芬·罗宾斯给管理下的定义是：所谓管理，是指同别人一起，或通过别人使活动完成得更有效的过程。

近百年来，人们把研究管理活动所形成的管理基本原理和方法统称为管理学。

2. 管理的职能

法国管理学者法约尔最初提出把管理的基本职能分为计划、组织、指挥、协调和控制。后来，又有学者认为人员配备、领导激励、创新等也是管理的职能。

（1）计划　计划就是对未来活动进行的一种预先的谋划。

（2）组织　组织就是为实现组织目标，对每个组织成员规定在工作中形成的合理的分工与协作关系。

（3）指导与领导　指导与领导就是管理者利用组织所赋予的权力去指挥影响和激励组织成员为实现组织目标而努力工作的过程。其目的在于使个体和群体能够自觉自愿而有信心地为实现组织既定的目标而努力。指导与领导所涉及的是主管人员与下属之间的相互关系。

(4) 控制　控制就是按既定目标和标准对组织的活动进行监督、检查，发现偏差，采取措施纠正偏差，使工作能按原计划进行，或适当调整计划以达到预期目的。控制工作是一个延续不断的、反复发生的过程，其目的在于保证组织实际的活动及其成果同预期目标相一致。

(5) 人员管理　人员管理就是对各种人员进行恰当而有效的选择、培训以及考评，其目的是配备合适的人员去承担组织机构规定的各项职务，以保证组织活动的正常进行，进而实现组织的既定目标。人员配备与管理的其他四个职能——计划、组织、指导与领导以及控制之间也有着密切的关系，会直接决定组织目标能否实现。

(6) 创新　创新就是随着科学技术的发展，社会经济活动空前活跃，市场需求瞬息万变，社会关系日益复杂，使得每一位管理者时刻都会遇到新情况、新问题。迫切的变化要求创新，创新在管理循环中处于轴心地位。

1.2.2　客舱管理

客舱管理涉及的内容多、范围大、要求高，涵盖的内容较广泛。从 20 世纪 90 年代开始，航空界开始研究飞行机组人员的资源管理，以后又发展到对客舱乘务员、旅客以及他们之间的相关性进行研究。有效的客舱管理能确保航班安全、提供优质服务，提高运行效率。

客舱乘务员有必要掌握客舱管理的相关知识，了解人为因素与客舱管理的相关性，对客舱中的冲突、差错和压力进行有效管理，提高运行品质。

1. 客舱管理的概念

客舱管理是指客舱经理/乘务长为了实现航班的安全正常运行和服务质量目标，而对乘务组、旅客以及各种资源实施的统筹管理。客舱管理也包括客舱乘务员在执行航班飞行任务过程中对客舱的设备、旅客、突发事件、环境的管理。

2. 客舱资源管理

客舱资源管理又称为机组资源管理（crew resource management，简称 CRM），是指充分、有效、合理地利用一切可以利用的资源来达到安全、高效飞行的目的，核心内容是权威、参与、决断、尊重的过程，通过有效提高机组人员的沟通技巧、提倡团队合作精神、合理分派任务、正确做出决策来体现。

CRM 概念中的"机组"是一个引申含义，不仅包括机组成员，还可扩展到与驾驶舱内飞行人员有联系的各种人员，如空中交通管制员、地面机务维修人员及其他有关人员。

机组资源是指在执行飞行任务的特定环境里的人机系统中的一切硬件、软件和人员，如个人专业技能，机组集体表现，飞机各系统、程序、文件资料、规章、时间，飞行人员，旅客，其他有关人员等，概括起来，机组资源应包括人力资源、设备资源、信息资源、易耗资源和其他资源。

通过机组资源管理，客舱乘务员不仅可以加强团队合作，还可以了解飞行员工作的特点，特别是需要双方协同解决的问题，如航班延误、客舱中个人电子设备的使用及应急撤离、水上迫降、颠簸及其他天气的程序、管理旅客的程序、飞行中的医疗问题、禁烟和灭火程序、手提行李、机长的授权等，培养很好的沟通和处理问题的能力。

3. 客舱管理的意义

(1) 确保客舱安全　保证旅客安全是乘务员的法律责任和最高职责。保证安全是航空公司最重要的社会责任，是民航事业永恒的主题，确保客舱安全是乘务员提供给旅客最优质的服务。

良好的客舱管理能够建立规范的安全保证系统，指导客舱乘务员遵守规章，按照标准程序执行，才能负责任地履行岗位职责，确保客舱安全，保护国家和人民生命财产的安全，维护社会稳定。

（2）实现优质服务　服务是客舱乘务工作的目标与核心，是航空服务生存和发展的命脉，提供优质服务是客舱乘务员最重要的工作。优质服务的实现是客舱管理作用的体现。要想使旅客在乘机过程中获得满意、舒适和惬意的全方位服务体验，需要客舱乘务员提供热情细致和周到亲切的服务。实现优质服务能够提高旅客的信任感与忠诚度。

（3）提高运行效率　实施客舱管理的目的就是提高运行效率，航空公司的运行效率主要体现在时刻准点、运行正常、成本精细和盈利效益等方面。客舱管理一方面要提高人的工作效率，另一方面要提高物的利用效率，从而节约成本、增加利润。航班正常运行确保了旅客利益，维护了旅客的权益，能为公司创造声誉和效益。

4．客舱管理的内容

客舱管理涵盖的内容多、要求高、涉及面广，客舱管理的效率是影响客舱服务品质的主要因素，主要包括以下几个方面的内容。

（1）旅客管理　为保证航班正常运行，乘务员要对航班旅客进行全面管理，顺利完成航班任务，当发生特殊情况时，需要按规定及时处置，包括非正常旅客处理、需要特殊服务的旅客处理、特殊情况处理等，通过实施有效的旅客管理，保证整个航程中旅客的人身与财产安全，使旅客感觉放心、顺心、舒心、动心。

非正常旅客处理包括对无签证过境的旅客、持医疗证明的旅客、正处于酒精或麻醉品作用下的旅客、遣返旅客、押送犯罪嫌疑人、偷渡者、遗失物品的旅客等的处理。

需要特殊服务的旅客包括老年旅客、无成人陪伴的儿童旅客、婴儿旅客、孕妇旅客、障碍性旅客、轮椅旅客、担架旅客、聋哑和盲人旅客及重要旅客等，具体服务要求和管理办法将在单元 6 讲述。

特殊情况处理包括延误或等待时为旅客提供服务、对旅客的投诉进行处理、调节旅客纠纷以及对机上发生的失窃等各类事件的处理等。

（2）餐食管理　客舱乘务员应在航前及航程中做好餐食安全管理工作，为旅客提供卫生、安全的机上餐食。

对于已装机的餐食，若飞机上没有冷藏设施，一般可在飞机上保存 4 小时；若飞机上有冷藏设施，可在飞机上保存 12 小时，但温度不得超过 10 摄氏度。如果餐食出现异味、变质、变色和过期等情况，要立即报告，并且通知地面工作人员更换。

（3）机供品管理　机供品是有限资源，客舱乘务员要根据配备量合理使用，遵循均衡性、节约性的原则，减少浪费与损耗。不允许客舱乘务员利用工作之便克扣、私拿、私分机供品以及将机供品挪作他用。

部分机供品是一次性配备上机，一般情况下不予加配，对于这些机供品，乘务员要事先做好均衡调配，防止出现分配不均的现象。例如，机上报纸一般是一次性配备上机，过站期间不予补充，当连续执行 4 个航班时，客舱乘务员需根据预报人数进行合理、均衡的分配，避免发生因前一个航班将机供品发放完毕，而造成后续航班无法提供的状况。

因此，客舱乘务长应严格按要求使用机供品，在特殊情况下乘务组需要超标消耗机供品的，客舱乘务长应在"配发回收单"上注明原因并签字。客舱乘务长对机供品严格监控，按规定回收，避免机供品流失及超标消耗机供品。

（4）厨房管理　厨房是客舱乘务员为旅客提供餐食服务做准备的场所。客舱乘务员要保证厨房区域的冰箱、烤箱、保温箱、储藏室的干净整洁。保持厨房工作间的整洁干净，飞机在起飞、降落时，所有服务用品都必须安全地存放，所有厨房用电关闭。

（5）洗手间管理　客舱乘务员要保持洗手间清洁卫生、无异味，及时清扫，做到镜面、台面、地面、马桶周围干净无污渍，及时补充洗手间的卫生用品，按规定摆放整齐，将卷纸前端折成三角形。

客舱乘务员要做好洗手间的监控，关注提示烟雾探测器的工作状况，防止旅客在盥洗室内吸烟影响客舱安全。当旅客长时间滞留在洗手间内时，乘务员要主动用敲门和询问的方式了解旅客的情况，如发生旅客在洗手间内昏厥，乘务员可直接打开洗手间进行救助。

所有的客舱管理活动，客舱乘务员都应该遵循安全第一、服务第二的原则。客舱乘务员在实施客舱管理过程中要通过合理调配资源、建立岗位职责和团队良好合作来实现既定的航班目标。

思考题

1. 简述客舱管理的定义。
2. 简述客舱资源管理的定义。
3. 简述客舱管理的意义。

单元 2

客舱乘务员

知识目标

1. 了解客舱乘务员的定义和客舱乘务员工作的特点。
2. 了解客舱乘务员的资格获取。
3. 了解客舱乘务员的飞行证件。
4. 了解客舱乘务员的配置要求。
5. 理解客舱乘务员应具备的职业素养和行为规范。

2.1 客舱乘务员概述

2.1.1 客舱乘务员的定义

客舱乘务员又称空乘、空姐、空少,是指在民用飞机客舱内执行空中服务工作和安全管理任务的机组人员。

《大型飞机公共航空运输承运人运行合格审定规则》中对客舱乘务员的定义:出于对旅客安全的考虑,受合格证持有人指派在客舱执行值勤任务的机组成员。

航空公司对客舱乘务员资格的定义:必须按局方批准的《客舱乘务员训练大纲》进行训练,经充分严格的训练并考核合格,获取"客舱乘务员训练合格证",取得所在执勤岗位的工作资格的乘务员(含兼职安全员)。

【案例资料】

"空中小姐"的来历

1930年5月的一天,在美国旧金山一家医院内,波音航空公司驻旧金山董事史蒂夫·斯廷帕森和护士艾伦·丘奇小姐在聊天。闲谈中,史蒂夫·斯廷帕森说:"航班乘务工作十分繁忙,可是挑剔的乘客还是牢骚满腹,意见不断。"机上的乘客不多,也是什么样的人都有,需要各种服务,副驾驶员一个人实在忙不过来。这时艾伦·丘奇小姐突然插话说:"先生,您为什么不雇用一些女乘务员呢?姑娘的天性完全可以胜任'空中小姐'这个工作的呀!""空中小姐"这一新鲜的词使董事先生茅塞顿开。随后,史蒂夫·斯廷帕森给波音公司主席的年轻助手帕特发了一封电报,提议招一些聪明漂亮的姑娘充当机上乘务员,公司主席很快便采纳了史蒂夫·斯廷帕森的意见,还授权他先招了8位姑娘,建立一个服务机组。史蒂夫·斯廷帕森高兴地将这一消息告诉了艾伦·丘奇小姐,艾伦·丘奇高兴地将这一消息转告给了其他护士。就在10天之后,艾伦·丘奇小姐与其他7名女护士作为世界上第一批空中小姐走上了美国民航客机。空中小姐的兴起印证了第一次世界大战后商业飞机业的繁荣。

新中国首批"空姐"诞生于1955年底,是中国民航局在全北京市各个中学里秘密精挑细选招收的,共计16名,加上原来从军队复员到民航的两名女战士张素梅和寇秀蓉,共计18人,后被戏称为"空中十八姐妹"。

(摘自:搜狐网)

2.1.2 客舱乘务员工作的特点

在越发激烈的民航业市场中，客舱乘务员的机上服务成了航空事业的重要组成部分，同时也是各大航空公司对外展示其企业形象的重要标杆。

1. 展现企业形象的窗口

安全、快捷、舒适是航空运输的集中表现，乘务工作正是航空运输中直接面对旅客服务的窗口，它代表着中国民航和各航空公司的形象。客舱乘务员的职业形象、言谈举止、服务态度是国内外旅客乘坐民航飞机的第一印象，在一定程度上体现了一个国家、一个民族的精神，是航空公司服务水平的重要体现。在激烈的市场竞争中，客舱乘务员的服务质量与航空公司的经济效益密切相关。

2. 安全是首要职责

客舱乘务员是在民航飞机上确保旅客旅途中安全和舒适的护航者。维护客舱安全是客舱乘务员的第一职责。客舱乘务员在机上不但要为旅客提供热情周到的服务，更重要的是要保证机上安全，在任何情况下，都要尽力减少旅客不必要的伤亡，这是客舱乘务工作的一个重要特点。

3. 服务对象复杂

乘务工作的服务对象是不同国家、不同地区、不同文化层次、不同职业、不同年龄、不同地位、不同风俗习惯的旅客，所以有其服务特殊性，语言交际能力是保障高质量服务的基本要求。为了满足国内外不同旅客的服务需求，客舱乘务员要提高自身文化修养，掌握丰富的专业知识和服务技巧，努力学习掌握不同旅客的不同服务需求及心理特点，做好乘务工作。

4. 更高的综合素质要求

客舱服务对客舱乘务员的服务素质的要求较高，由于飞行环境、服务对象以及服务过程的特殊性，服务人员将面临复杂多变的各种问题和突发事件。稳定的心理素质，临危不惧的精神，善于发现问题、果断处理问题的能力，有效地与不同旅客进行灵活沟通的沟通能力和应变能力，较强的亲和力和超越自我情感的职业情感等，具有这些较高的综合能力，就是对客舱乘务员的服务素质要求。

就职业而言，在选择客舱乘务员时，使客舱乘务员所具备的外在条件与内在的综合素质协调一致，是提高客舱服务水平的关键。仪态端庄、气质非凡、温柔大方加上良好的修养，是人具备亲和力的基本条件。没有综合素质，就没有真正意义上的客舱服务，也就失去了空姐美誉的价值。

因此，客舱服务对客舱乘务员提出了更高的要求，对客舱乘务员寄予更大的期望，可以说，这是国家的需要、民族的需要，也是社会的需要。作为客舱乘务员，不能随心所欲地以个人的意志为转移，必须具有民族使命感与责任感。

2.1.3 客舱乘务员资格

1. 客舱乘务员资格获取

对于新雇员和在职乘务员、安全员，航空公司需按照《大型飞机公共航空运输承运人运行合格审定规则》CCAR-121-R4 部（以下简称本规则）制定的训练和资格审定的标准，对客舱乘务员进行训练和考核。

（1）初始新雇乘务员训练　初始新雇乘务员训练，是指合格证持有人为新雇用的人员，或者已经雇用但没有进入机组成员或者在飞行签派员工作岗位上工作过的人员，在进入机组成员或者飞行签派员工作岗位之前需要进行的训练。初始新雇乘务员训练包括基础理论教育和针对特定机型和岗位的训练。

公司新雇用的人员或已经雇用但没有在客舱乘务员工作岗位上工作过的人员以及间断飞行连续超过24个日历月（含）的原训练合格的乘务员，在进入客舱乘务员工作岗位之前需进行的训练。

注：日历月是指按照世界协调时或者当地时间划分，从本月1日零点到下个月1日零点之间的时间段。

飞行时间是指飞机为准备起飞而借自身动力开始移动时起，直到飞行结束停止移动为止的时间。

（2）初始训练（CCAR-121-R4.429）　初始训练（initial training，IT），指未曾在相同组类的其他飞机的相同职务上经审定合格并服务过的客舱乘务员需进行的改飞机型的训练。

（3）转机型训练（CCAR-121-R4.429）　转机型训练（transition training，TT），指对于已在相同组类其他型别飞机的相同职务上经审定合格并服务过的客舱乘务员，在转入该机型的同一职务之前，应当圆满完成的转机型训练。转机型训练应符合CCAR-121-R4第121.538条规定：客舱乘务员所服务的机型数量应当不超过3种，如果有2种机型在安全设备和操作程序上相似，经局方批准可增加至4种。

（4）岗位升级训练　岗位升级训练，指对于在某一客舱乘务员级别上合格并在相应岗位上工作后，需进行更高级别的提升之前，所应当完成的岗位升级训练。

（5）差异训练（CCAR-121-R4.421）　差异训练（differential training，DT），指对于已在每一特定型别的飞机上经审定合格并服务过的乘务人员，当使用的同型别飞机与原飞机存在差异时，应当完成的差异训练。某一具体型别飞机的所有改型的差异训练，可以包含在该飞机的新雇员训练、初始训练、转机型训练、升级训练和定期复训中，但必须增加差异训练的课程小时数。

（6）重新获得资格训练　重新获得资格训练（requalification training，RQT），指已在特定航空器型别和特定工作岗位上经审定合格，因间断飞行连续超过12个日历月（含）至24个日历月内等原因失去资格的客舱乘务员，为恢复这一资格所应当进行的训练。

（7）定期复训（CCAR-121-R4.439）　定期复训（recurrent training，RT），指对于客舱乘务员，为了保证其在所服务的各型别飞机和工作位置上获得充分的训练并保持近期熟练水平，而应当在12个日历月内完成规定训练和资格检查。如果客舱乘务员由于某些原因失去资格，如不值勤时间过长，应在复训时间的基础上重新建立重获资格训练年度日期。

（8）应急生存训练（CCAR-121-R4.419）　应急生存训练，指针对飞机的型别、布局及实施的每种运行，所应当完成的应急生存训练，包括一次性应急演练和定期应急演练两种。

（9）特定训练　特定训练，指客舱乘务员需完成某类特定训练课程时进行的训练。

2. 客舱乘务员资格管理

① 客舱乘务员只有按规定完成训练，取得合格证后，才能担任客舱乘务员的职务。

② 航空公司培训部门必须建立并保存详细的客舱乘务员训练记录和资格审定。

③ 客舱乘务教员的标准及资格由公司标准与训练审定后报公司备案。

④ 正在获得飞行经验的客舱乘务员，在持有该机型的资格并圆满完成训练后，应当在客舱乘务检查员的监督下履行职责至少达到 5 小时，客舱乘务检查员应当亲自观察其任务的完成情况，该客舱乘务员在此期间不得担任机组必需成员。

2.1.4 客舱乘务员飞行证件（CCAR-121-R4.381）

航空公司对乘务人员证件的管理有严格的规定。客舱乘务员在执行航班飞行任务时，根据不同的人员类型和航线性质，需携带不同的证件上岗。

1．国内航班应携带的证件

客舱乘务员执行国内航班飞行任务时，应携带以下证件。

① "中国民航空勤登机证"（如图 2-1）。

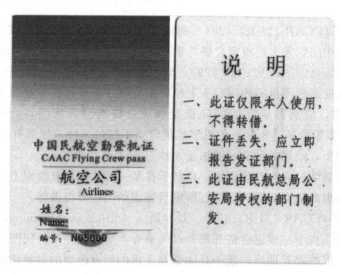

图 2-1　中国民航空勤登机证样本

② "客舱乘务员训练合格证"。

③ "航空人员体检合格证"。

空中保卫人员执行国内航班飞行任务时，应携带以下证件。

① "航空安全员执照"。

② "身份证"。

2．地区航班应携带的证件

执行地区航班飞行任务时，除国内航班应携带的证件外，还应携带以下证件。

① 香港、澳门　"港澳通行证"。

② 台湾　"大陆居民往来台湾通行证"、入台证。

3．国际航班应携带的证件

执行国际航班飞行任务时，除国内航班携带的证件外，还应携带以下证件。

① "中华人民共和国因公护照"。

② "国际旅行健康证明书"。

当局方检查时，每位机组人员都应主动出示携带的证件。

4. 证件有效期

在飞机上担任客舱乘务员的人员，应当通过局方按照本规则批准的训练大纲训练，并经合格证持有人检查合格。在按照本规则运行时，应当持有现行有效的航空人员体检合格证和合格证持有人颁发的客舱乘务员训练合格证。

① "客舱乘务员训练合格证"以定期复训（RT）有效期 12 个日历月和危险品运输训练（dangerous goods transport training，DGTT）有效期 24 个日历月为标准。证件经检查员签注并且此两项均在有效期内，则视为有效。

② "航空人员体检合格证"有效期为 12 个日历月。

③ "航空安全员执照"以安全员定期复训（RT）有效期 3 年、客舱应急训练（CET）有效期 2 年、日常训练（DT）有效期 1 年为标准，证件经检查员签注并且此三项均在有效期内，则视为有效。

2.1.5 客舱乘务员的配备

1. 客舱乘务员的最低配置要求

（1）为保证安全运行，根据 CCAR-121-R4.121 的规定，在每架载运旅客的飞机上，按照下列要求配备客舱乘务员，并至少指派一名客舱乘务长。

① 对于旅客座位数量为 20～50 个的飞机，至少配备 1 名客舱乘务员。

② 对于旅客座位数量为 51～100 个的飞机，至少配备 2 名客舱乘务员。

③ 对于旅客座位数量超过 100 个的飞机，在配备 2 名客舱乘务员的基础上，按照每增加 50 个旅客座位增加 1 名客舱乘务员的方法配备，不足 50 的余数部分按照 50 计算。

（2）如果在按局方要求进行的应急撤离演示中，使用的客舱乘务员人数多于按照以上 1 款对演示所用飞机的最大旅客座位数量所要求的客舱乘务员人数，则应当按照下列条件配备客舱乘务员。

① 飞机为最大旅客座位数量布局时，客舱乘务员人数至少应当等于应急撤离演示期间所用的人数。

② 飞机减少了旅客座位数量分布时，客舱乘务员人数至少应在以上 1 款对该布局旅客座位数量要求客舱乘务员人数之外再增加应急撤离演示期间所用客舱乘务员人数与以上 1 款对原布局所要求人数之差。

（3）在确定客舱乘务员配备数时，除了满足以上 1 款和 2 款要求外，还需考虑以下因素。

① 出口的数量。

② 出口的类型和撤离手段。

③ 出口的位置。

④ 客舱乘务员座位位置。

⑤ 水上迫降时客舱乘务员要求紧急撤离程序。

⑥ 负责成对出口的客舱乘务员额外程序要求。

⑦ 航线类型。

（4）在起飞和着陆过程中，要求客舱乘务员应当尽可能地靠近所要求的地板高度出口，而且应当在整个客舱内均匀分布，以便在应急撤离时有效地疏散旅客。在飞机滑行期间，要求客舱乘务员除完成保障飞机和机上人员安全的任务外，其他时间应当坐在其值勤位置，并系好安全带和肩带。

2. 常见机型客舱乘务员最低配备人数标准

常见机型客舱乘务员最低配备人数标准见表2-1。

表 2-1　常见机型客舱乘务员最低配备人数（单位：人）

机型	主舱（上舱）
B737-600/700/800	4
B767-200	6
B747-400P	10(2)
B777-200	6
A320-200	4
A319-100	4
A340-300	8

注：以上提到的客舱乘务员最低配备人数是按旅客座位数计算的，不是实际人数。

2.2 客舱乘务员职业素养

客舱乘务员职业素养是旅客乘机第一印象的关键，在一定程度上体现了一个国家、一个民族的精神，是航空公司服务水平的重要体现。客舱乘务员职业素养主要体现在职业道德和礼仪规范两个方面。在激烈的航空市场竞争中，客舱乘务员职业素养的养成成了提高航空服务水平的重要手段之一，对提高航空公司的核心竞争力具有非常重要的意义。

2.2.1 客舱乘务员职业道德素养

1. 热爱本职工作

勤奋工作、爱岗敬业是每一个职业的基本道德行为规范。由于职业的特殊性，客舱乘务员应热爱祖国、热爱社会主义、热爱党、热爱民航事业，具有高度的工作责任心和全心全意为人民服务的精神，忠于职守，热爱乘务工作，具有良好的工作态度和责任心。客舱乘务员要全心全意为旅客服务，满足旅客的需要。客舱乘务员要热爱本职工作，具备良好的职业道德，认识到自己的工作既是服务工作，更是安全工作，既体现了航空公司服务水平的高低，更关系到旅客生命和国家财产的安全，责任重大。

2. 强烈的法律意识

树立遵纪守法意识是客舱乘务员职业纪律的基本要求。客舱乘务员应做到遵守国家法令、法规和民航、公司的条例规章，严守国家和公司机密，爱护公共财物，廉洁奉公，公私分明。客舱乘务员只有具有强烈的法律意识，才能保障旅客的生命财产安全，提高经济效益和社会效益。守法的自觉性是建立在道德基础之上的，这就要求客舱乘务员首先要培养和锻炼良好的道德风尚和道德修养，做到凡是法律法规所规定的，都要予以维护；反之，必须禁止。客舱乘务员要做好旅客的安全宣传教育工作，在飞机运行中，随时注意保护旅客的人身安全，在危险的时候，要立场坚定，见义勇为，组织旅客和犯罪分子作斗争。

3. 较强的服务意识

客舱乘务员在服务中应做到：主动、热情、周到、有礼貌。工作作风应该是：诚信严谨，认真负责，一丝不苟，任劳任怨；关心公司，团结协作，谦虚谨慎，平等待人，树立社会主义精神文明的新风尚。

4. 精湛的业务知识

为提高旅客的认可度和满意度，客舱乘务员应塑造热情开朗的性格，磨炼吃苦耐劳的精神，努力钻研业务，丰富社会知识，研究旅客心理，探索旅客需求，不断提高服务技能，提高处理突发事件的能力，以适应民航事业和航空公司的发展，这对航空公司提高知名度、占领市场都起着至关重要的作用。

2.2.2 客舱乘务员礼仪规范

客舱乘务员的礼仪规范，主要指客舱乘务员在乘务工作中表现出来的站立、行走、动作、姿态。客舱乘务员的礼仪规范体现了一名乘务员的性格和心灵，反映乘务员的文明程度和心理状态，它是旅客评价乘务员态度和航空公司面貌的重要指标之一。

1. 客舱乘务员仪态礼仪

客舱乘务员展现的仪态仪表应当做到：仪容整洁，举止大方，端庄稳重，不卑不亢，态度诚恳，待人亲切，服饰整洁，打扮得体，彬彬有礼。

① 站姿要保持身直、挺胸、两肩平正，要给旅客留下挺拔、舒缓、健美的印象。
② 行姿要"轻、稳、灵"，不要给旅客留下忙乱无章、慌慌张张的感觉。
③ 坐姿要稳，身体稍微前倾，并注意手脚的空间位置，要表示对客人的尊重。

2. 客舱乘务员言谈举止礼仪

① 运用语言交流时，应尽量合乎交流双方的特点，诸如性格、文化、心理、年龄、知识面和习惯等，要以谦虚和谨慎自律，三思而后言。
② 客舱乘务员应在日常的行为举止中注意培养动作的优雅性，可提升旅客的满意度。

3. 客舱乘务员接待礼仪

接待礼仪是旅客对客舱乘务员的服务进行评价的重要因素，做好接待服务，是提高空乘服务质量的第一步。

4. 客舱乘务员餐饮礼仪

餐饮礼仪分为中餐礼仪和西餐礼仪，乘务员应掌握正确的餐饮礼仪，为旅客提供更优质的服务。

5. 客舱乘务员涉外礼仪

客舱乘务员在接待外国旅客时，不仅有必要了解和掌握涉外礼仪通用原则，还必须在实际工作中认真地遵守、运用涉外礼仪通用原则。

6. 客舱乘务员习俗礼仪

为了提供良好的服务，避免引起不必要的误会，每个客舱乘务员都要尊重并掌握各国各民族的宗教信仰、节日礼俗、礼俗禁忌和交往礼仪。

客舱乘务员的行为大方文雅、热情庄重，能使客人内心深处产生良好的感觉，使旅客愿意乘坐本次航班，使航空公司拥有大量的回头客。为了满足不同服务对象的服务需求，客舱乘务员需要注重自身的礼仪规范，不断提高自身的文化修养。

思考题

1. 客舱乘务员的工作有哪些特点？
2. 简述获取客舱乘务员资格的训练内容。
3. 简述客舱乘务员执行国内航班飞行任务时应携带的证件。
4. 简述客舱乘务员执行地区航班飞行任务时应携带的证件。
5. 简述客舱乘务员执行国际航班飞行任务时应携带的证件。
6. 客舱乘务员应具备哪些职业素养？
7. 结合自身的性格特点，分析成为一名合格的客舱乘务员有哪些优势和不足。

单元 ③

客舱乘务员与航空安全员岗位职责

知识目标

1. 了解客舱乘务员岗位职责。
2. 了解头等舱乘务员岗位职责。
3. 了解区域乘务长岗位职责。
4. 了解客舱安全员岗位职责。
5. 了解机上不安全事件的汇报途径。

3.1 乘务组及乘务岗位职责

客舱乘务员是机组必需成员,是保障飞行安全运行的人员之一。客舱乘务员按照"客舱乘务员手册"执行航班任务,主要职责是保障客舱安全,飞行全程应严格落实各项安全标准,同时在机长的领导下,协助机长和空中保卫人员做好航空安全保卫工作,切实保障自身、全体客舱乘务员和飞机的安全。当安全职责和服务职责产生冲突时,首要完成安全职责。若发生劫炸机、火灾、快速释压、非法干扰等特殊情况,乘务长有权视情况停止一切客舱服务工作,调动一切有效资源保障人机安全。

在客舱中,乘务组共同肩负着维护客舱安全的责任。乘务长与乘务员的安全目标是统一的,但由于他们扮演的角色不同,在客舱服务与安全管理的工作中必须有分工和合作,只有这样才能保证顺利执行航班任务。在执行航班任务中,乘务员用号位来区分不同岗位的职责,例如SS2岗位职责,表示客舱2号位乘务员岗位职责。各家航空公司针对不同机型以及同一机型不同的乘务员数量配备,都规定了具体的岗位职责。

3.1.1 客舱乘务员岗位职责

客舱乘务员岗位职责是指客舱乘务员对机上载运的旅客,自登机后到下机前的安全和服务所承担的法定责任。客舱乘务员岗位职责主要有以下几个方面。

① 按照分工负责本区域的客舱安全和服务工作。
② 负责协助客舱经理实施预先准备、直接准备、飞行实施、航后讲评乘务四个阶段的工作。
③ 保证并全程监控驾驶舱门区及机上各应急出口的安全。
④ 关闭机门或飞机完全停稳,"系好安全带信号灯"熄灭后,按照乘务长的指令操作责任舱门滑梯。
⑤ 负责向乘务长反映各种信息,提出合理化建议。
⑥ 负责报告乘务长,按程序实施本区域各类应急处置程序。
⑦ 负责完成乘务长交办的其他工作。

3.1.2 头等舱乘务员岗位职责

头等舱乘务员(first class stewardess,FS),是经公司聘用指派在飞机指定客舱内承担服务的客舱乘务员。头等舱乘务员岗位职责主要有以下几个方面。

① 负责实施飞行四个阶段的工作。
② 负责本区域旅客的安全和服务工作。
③ 负责本区域厨房设备的检查、操作和维护。
④ 负责做好中途过站物品的交接工作。
⑤ 负责协助其他舱位客舱乘务员做好客舱服务工作。
⑥ 负责实施本区域各类紧急处置程序。
⑦ 负责完成乘务长/主任乘务长交办的其他工作。

3.1.3 乘务长/区域乘务长岗位职责

乘务长/区域乘务长是经公司聘用指派在飞机指定的客舱区域内承担服务的客舱乘务员。乘务长/区域乘务长岗位职责主要有以下几个方面。
① 隶属于客舱经理管理,是中、后舱的负责人。
② 负责普通舱服务工作。
③ 负责协助客舱经理实施乘务四个阶段的工作。
④ 负责所管辖区域的客舱服务和安全工作。
⑤ 负责签收后舱机供品单,检查后舱餐食数量及质量和签封是否完好,并向客舱经理汇报。
⑥ 负责协助客舱经理实施调整后的服务计划。
⑦ 负责协助客舱经理实施各类紧急处置程序。
⑧ 负责向客舱经理反映各种信息,提出合理化建议。
⑨ 负责协助客舱经理做好乘务组临时驻外的管理工作。

3.1.4 主任乘务长岗位职责

主任乘务长(purser,PS)是经公司聘用指派在飞机客舱内承担管理责任的客舱乘务员。主任乘务长岗位职责主要有以下几个方面。
① 服从机长的指挥,负责组织实施乘务飞行四个阶段的工作及乘务组在外站期间的管理,督促客舱乘务员按照"客舱乘务员手册"、公司有关规定做好客舱安全管理和客舱服务工作。
② 负责头等舱、经济舱的安全服务工作,并监控头等舱、经济舱的服务工作,了解旅客人数,如特殊旅客、VIP旅客名单,签收餐食数量(含特殊餐食)、机上清洁用品、机供品、部分重要业务文件的签收和有关物品的交接。
③ 对航班中任何机供品、餐食、清洁用品等单据签收后,确认、落实、监控的管理责任。
④ 负责核对、保管、交接舱单、货单、总申报单。
⑤ 关闭机门或飞机完全停稳,"系好安全带信号灯"熄灭后,负责下达操作分离器(滑梯)的指令,并操作舱门滑梯。
⑥ 指定客舱乘务员加强对应急出口及紧急设备进行监控。
⑦ 负责各类信息的反馈,并提出合理化建议。
⑧ 负责填写"乘务日志""客舱记录本""机上重大事件报告单"等。
⑨ 负责与飞行机组和地面各部门的协调工作。当有烟雾、火焰、灯光等干扰时,禁止

与驾驶舱联络。

⑩ 负责航班出现特殊情况时的服务计划的调整。

⑪ 负责紧急情况下的广播及紧急情况下的处置与总指挥。

⑫ 服从机长的领导，负责乘务组临时驻外的管理工作。

⑬ 负责收集旅客对机上服务工作的反馈意见，解决机上疑难问题，并提出合理化建议，遇到特殊情况及时向乘务队或乘务值班及上级部门反馈。

⑭ 负责与机组协同，并将协同结果在登机前告知客舱乘务员。

⑮ 监督客舱乘务员在飞行各阶段的专业化形象。

⑯ 负责对安全员的行为规范进行监督并指导。

3.2 航空安全员岗位职责

《公共航空旅客运输飞行中安全保卫规则》（CCAR-332）第二章"飞行中安全保卫职责"第七条："航空安全员在机长的领导下负责维护航空器内的秩序，制止威胁民用航空飞行安全的行为，保护所载人员和财产的安全，依法履行下列职责：（一）对航空器客舱实施保安检查；（二）根据需要检查旅客登机牌及相关证件；（三）对受到威胁的航空器进行搜查，妥善处置发现的爆炸物、燃烧物和其他可疑物品；（四）制止未经授权的人员或物品进入驾驶舱；（五）对航空器上的扰乱行为人采取必要的管束措施或强制其离机；（六）防范和制止非法干扰行为等严重危害飞行安全的行为；（七）法律、行政法规规定的其他职责。航空安全员在执勤时应当严格执行执勤程序，不得从事可能影响其履行职责的活动。"

3.2.1 航空安全员岗位职责

在《公共航空旅客运输飞行中安全保卫规则》中，航空安全员是指为了保证航空器及其所载人员安全，在民用航空器上执行安全保卫任务，具有航空安全员资质的人员。现阶段，我国空中安保人员以空中警察、航空安全员为主，两者虽然身份不同，但职责相近。航空安全员岗位职责主要有以下几个方面。

① 当航班上没有配备专职安全员和空中警察时，兼职安全员的安全职责等同于专职安全员工作职责。

② 完成航空器安保检查。

③ 协助警方做好押解工作。

④ 兼职安全员在执行安全任务，如下飞机监控重要行李装卸时，其所承担的服务工作由乘务长指定其他客舱乘务员承担。

⑤ 在同时配备专职安全员或空警和兼职安全员的航班上，遇有非法干扰之外的违规和不文明旅客行为时，兼职安全员要根据有关程序进行处置，要遵循有理、有节的原则，处理好安全与服务之间的关系，避免处置过当，并注意对专职安全员身份的保护；遇有危及飞行安全的非法干扰行为时，兼职安全员应按照专职安全员（或空警）航前讲解要求，配合专职安全员或空警做好空中安全保卫工作。

⑥ 兼职安全员在必要时需使用临时管束，可启用警绳或手铐等其他临时管束警具，但

须征得机长的同意方可进行。

⑦ 执行航班时或过站，遇局方检查、机场检查、警察等督察人员登机时，其证件查验工作由专、兼职安全员或空警负责，并将情况报告机长、乘务长。如未配备专、兼职安全员或空警的航班，由乘务长做好检查工作，并将情况报告机长。

3.2.2 客舱乘务员机上安全保卫职责

客舱乘务员应在机长的领导下，协助机长和专、兼职安全员或空中警察做好航空安全保卫工作。

（1）完成航空器安保检查和交接机上供应品等航前安保工作。

（2）保护驾驶舱门。

① 任何机组人员需进入驾驶舱时，必须按照航前与飞行机组协同时确定的指令进行联络，在确保安全时方可进入。

② 飞行全程，乘务组员应关注前舱使用厕所的旅客的动向，阻止无关人员进入驾驶舱，对于可进入驾驶舱的人员如航医、航线实习、跟机机务、飞行翻译等，必须征得机长同意，按照事先约定的联络方法出入，并按照要求进行记录和备案。

③ 客舱乘务员和专、兼职安全员或空中警察在飞行期间必须留意机上旅客的动态，做好应急处置准备工作，保护好驾驶舱不被侵害。一旦客舱内发生可疑行为或违背安全的行为，应按照航前与飞行机组协同的联络方式通报飞行机组，但必须保证驾驶舱不受外界干扰或遭受威胁。

（3）各区域舱门保护职责。

各舱门负责人为舱门保护第一责任人，相对门区组员负有监管责任。所有舱门必须由舱门/滑梯的第一责任人亲自负责操作和互检，如果第一责任人离开监管区域，由相对门区组员接替其监管职责。迎客阶段，乘务长须确保每个舱门区域及应急出口处均有人进行有效监控。

① 飞行全程舱门区域保持无障碍物。

② 无关人员禁止在舱门区域长时间停留、观察及触碰舱门。

③ 禁止在舱门操作手柄上方悬挂物品，以及用覆盖物遮挡观察窗。

④ 禁止踩踏或就座于滑梯包上方。

（4）在航班中监控客舱动态，对旅客的任何可疑及反常行为，或有可能引起安全问题的反常现象，以及接到来自旅客的威胁言论，不论是否是开玩笑或精神异常，都应立即报告机长和空中保卫人员。

（5）在航班中协助空中保卫人员对受到威胁的航空器进行搜查，妥善处理发现的危险物品或可疑物品。

（6）配合空中保卫人员制止扰乱航空器内秩序的行为。

（7）配合空中保卫人员做好其他航空安全保卫工作。

（8）当安全和服务冲突时，首要完成安全职责。

3.2.3 机上不安全事件的汇报途径

（1）当乘务长处于最靠近驾驶舱的位置时，机上不安全事件汇报途径如下：客舱乘务员→乘务长→机长。

（2）当乘务长不在靠近驾驶舱的位置时，机上不安全事件汇报途径如下：客舱乘务员→最靠近驾驶舱的客舱乘务员→机长。

思考题

1. 简述客舱乘务员岗位职责。
2. 简述乘务长/主任乘务长岗位职责。
3. 简述客舱安全员岗位职责。

单元 4

客舱服务设备与客舱环境

知识目标

1. 了解飞机客舱整体布局。
2. 了解客舱储藏空间分布。
3. 掌握 B737-800 型飞机客舱主要设备，包括乘客服务单元和应急氧气、乘务员工作岗位的主要设备及使用方法。
4. 掌握 B737-800 型飞机客舱灯光及通信设备使用方法。
5. 掌握 B737-800 型飞机卫生间设备、功能及使用方法。
6. 掌握 B737-800 型飞机厨房设备、功能及使用方法。
7. 掌握 B737-800 型飞机的舱门结构及使用方法。
8. 掌握 B737-800 型飞机翼上出口结构及使用方法。
9. 掌握客舱设备故障报告程序。

技能目标

1. 能正确操作客舱主要设备，包括乘客服务单元和应急氧气、乘务员工作岗位的主要设备。
2. 能正确操作 B737-800 型飞机客舱灯光及通信设备。
3. 能正确使用 B737-800 型飞机厨房设备。
4. 能正确使用 B737-800 型飞机卫生间设备，能根据实际需求开启和锁闭卫生间，并指导旅客正确使用。
5. 能正确执行 B737-800 型飞机从内部打开舱门和从外部打开舱门程序。

维护好客舱环境是客舱乘务员顺利开展工作的前提，爱护客舱设备是每个客舱乘务员的应尽职责。本单元以航空公司常见的 B737-800 型客机为例，介绍常见的客舱设备及使用方法。

4.1 客舱设备简介

4.1.1 飞机动力

1. 飞机的动力装置

飞机的动力装置是飞机的重要组成部分，包括航空发动机（aero-engine）、螺旋桨、动力辅助装置。其中最主要的是航空发动机，它是一种高度复杂和精密的热力机械，构造复杂，自成体系，独立于机体，被称作飞机的"心脏"。作为飞机"心脏"的发动机，不仅是飞机飞行的动力，也是促进航空事业发展的重要推动力。

在万米之上的高空飞行，发动机必须适应高空缺氧，气温、气压较低的状况。现在飞机动力装置应用较广泛的有航空活塞式发动机加螺旋桨推进器、涡轮喷气发动机、涡轮螺旋桨发动机和涡轮风扇发动机。除了发动机本身，动力装置还包括一系列保证发动机正常工作的系统。飞机的动力装置取决于所用发动机的类型，可由下面的全部或部分系统组成（如图 4-1）。

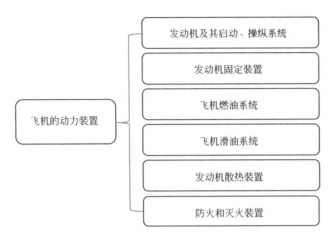

图 4-1　飞机的动力装置的组成

2. 辅助动力系统

辅助动力系统称为 APU（asist power unit），大型飞机的辅助动力系统安装在飞机的尾部（如图 4-2），它是一个涡轮喷气发动机，在地面和空中都可以使用。APU 的作用是独立地向飞机提供电力和压缩空气，也有少量的 APU 可以向飞机提供附加推力。

图 4-2　飞机尾部的 APU

在地面，飞机起飞前，由 APU 供电来启动主发动机，从而不需依靠地面电、气源车来发动飞机。在地面时 APU 提供电力和压缩空气，保证客舱和驾驶舱内的照明设备和空调的正常运行，在飞机起飞时使发动机功率全部用于地面加速和爬升，改善了起飞性能。降落后，仍由 APU 供应电力照明和空调，使主发动机提早关闭，从而节省了燃油，降低了机场噪声，也是保障客舱舒适的必要条件。

在空中，APU 是保证发动机空中停车后再启动的主要装备，它会直接影响飞行安全。

通常情况下，在飞机爬升到一定高度（5000 米以下）时，辅助动力装置关闭。但在飞行中当主发动机空中停车时，APU 可在一定高度（一般为 10000 米）以下的高空中及时启动，辅助动力系统可以作为后备设备提供电力和引气，为发动机重新启动提供动力。

4.1.2 客舱整体布局

1. 增压舱

现代飞机的巡航飞行高度多在 8000 米以上。高空气压低，空气稀薄，难以维持生命，在驾驶舱和客舱内需要人工增压，以保持相当于地面的生活环境。这样，在高空飞行中，机身增压舱（又称气密舱）就相当于一个高压气瓶。

在内外压力差的作用下，机身结构会受载变形。增压舱的截面如果为方形，在内压力作用下隔框将承受巨大的载荷；如果截面改为圆形，蒙皮便可发挥承载作用，舱壁上的内压力完全可由蒙皮张力所平衡，隔框基本不受载，因此客机机身截面多用圆形。

飞机的使用期限比较长，现代客机可达 15～20 年，因此必须考虑飞机结构在重复受载下的疲劳损坏问题。机身增压舱蒙皮在内外压差的作用下经常处于受拉伸状态，同时在座舱门窗和结构连接接头附近应力集中比较严重，是最易产生疲劳裂纹的地方。为使飞机不因结构疲劳而影响飞行安全，在进行结构设计时，要注意使增压舱蒙皮的张应力不要过高。

根据功能不同，客舱分为许多不同的区域，每个区域内都有温度表、压力表、湿度表反映该区域的温度、压力、湿度的变化，这些数据也被反映到驾驶员面前的仪表板上。驾驶员据此可以对这些条件进行调整。在每个座位的上方，还设有可调节的送风口，旅客可以按照自己的需要，小范围地调节自己周边的温度。飞机就以上述方法在客舱内形成一个小气候，尽管飞机外空气稀薄，温度在零下数十摄氏度，机内却空气新鲜，温暖如春。

现代客机的客舱壁板内还加上了隔声材料，舱内的噪声一般都保持在 70 分贝以下，即使旅客彼此低声谈话，都能听得很清楚。总之，现代大中型客机尽可能地为客舱中的旅客提供了舒适、宁静的飞行环境。

2. 客舱布局

民航客机左右的区分以面向机头方向来区分（如图 4-3）。客舱布局主要是飞机舱门、

波音 737-800 (167个座位)　　Boeing 737-800 (167 seats)

头等舱： 1～2 排； 8 个座位　　First Class: Rows 1～2； 8 seats
经济舱： 3～29 排； 159 个座位　　Economy Class: Rows 3～29； 159 seats

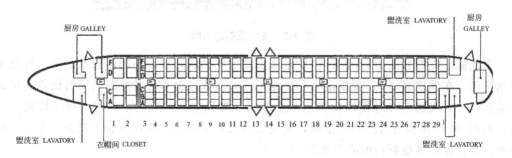

图 4-3　B737-800 客舱布局

机窗、卫生间、厨房、旅客座椅和乘务员座椅的分布。

（1）舱门　B737-800型客机的客舱有两个方向的入口，分别位于飞机的前、后部。这两个入口是插入式舱门，向内开门，向外摇门。为了开启方便，前入口带有弹力。前、后服务门位于飞机右侧。

客舱共有4个舱门，左侧和右侧各2个，代号分别为L1、L2、R1、R2。

正常情况下，右侧服务门R1、R2的宽度与左侧L1、L2一致，但离地要高15厘米。左侧登机门有L1、L2，为开启方便，L1门带有弹力。登机门与廊桥或客梯车对接。

（2）机窗　为了方便旅客观察飞机外的景色，在飞机的客舱两侧每隔20英寸设置一个机窗，机窗上缘与旅客座椅平行。机窗上还备有遮阳板，向下拉动，遮阳板关闭，向上推动，遮阳板打开，但是紧急出口处的遮阳板开关方向与上述相反（如图4-4）。

（3）卫生间　B737-800型客机的客舱内一般设有4个卫生间，L1门处有1个，L2门处有2个，R2门处有1个（如图4-5）。

图4-4　客舱机窗

图4-5　机上卫生间

（4）厨房　B737-800型客机的客舱内设有2个厨房，前厨房位于前服务间内（如图4-6），后厨房位于后服务间内。

图4-6　机上前厨房

（5）旅客座椅　B737-800型客机的旅客座位的具体数量，可根据航空公司的需要适当调整，根据不同机型、不同客舱布局和航空公司的不同需求，一般设置为126～189个。

每个旅客座椅上装有小桌板、安全带、座位背部的储藏袋、音频按钮、音频插口、座椅

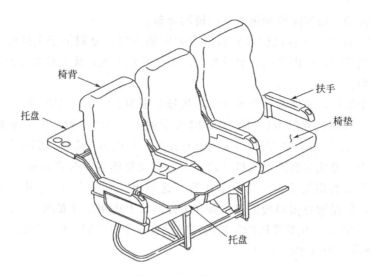

图 4-7 机上旅客座椅

调节按钮等（如图 4-7）。靠近紧急出口的靠窗的扶手都固定在逃生舱口上，紧急出口处的座位椅背都是不可调整的。

只有在确认每一位旅客的座椅靠背处于竖直位置时，飞机才可以起飞或着陆，每位旅客应当遵守机组成员的这项指令，但以下两种情况除外。

① 为使主通道至出口的通道不受座椅靠背的妨碍而让其处于非竖直位置的情况。

② 由于健康方面的原因，不能竖直就座的人的座椅，但其椅背不得妨碍任何旅客走向通道或任一应急出口。

在每个无人乘坐的座椅上，若装有安全带和肩带装置，也应当将安全带和肩带扣好，使其不妨碍机组成员执行任务，或不妨碍在应急情况下迅速撤离。

（6）乘务员座椅 B737-800 型客机客舱共有 6 个乘务员座椅，L1 门处 2 个，L2 门处 2 个，R2 门处 2 个。乘务员座椅也叫 jump seat，无人时会自动返回原位（如图 4-8）。乘务员

图 4-8 机上乘务员座椅

座椅配有安全带/肩带和一个柔软的头垫。肩带是一个防惯性设备，座椅不用时，肩带缩回原位。座椅的肩带/安全带可以调节，锁扣中有一释放扳手，必须旋转90度才能放开。

当飞机于地面移动、起飞和着陆时，在确认客舱安全检查完后，客舱乘务员必须按规定坐在其值勤位置上，并系好安全带和肩带，以便在紧急撤离时，更有效地疏散旅客。在机长发出指令的情况下，客舱乘务员应按规定坐在其值勤位置上，并系好安全带和肩带。

4.1.3 客舱储藏空间

1. 行李架

客舱行李架用于放置旅客行李、客舱休息用的毛毯、枕头和随身物品。应急设备也可储藏在行李架中，如果某一行李架中放置了应急设备，则此行李架在迎客时不打开。每个行李架上有一个标牌，注明了行李架的最大承受重量。客舱乘务员应在旅客登机时监督其安放行李，确保这些储藏区域承受的重量未超出限制。

客舱行李架分为两种：悬挂箱式行李架（如图4-9）和固定箱式行李架（如图4-10）。

图4-9　悬挂箱式行李架

图4-10　固定箱式行李架

旅客带入客舱的手提行李不能被放置在任何影响机组接近应急设备或阻挡旅客看到信号指示牌的区域内。

2. 衣帽间和隔板

衣帽间位于飞机的前半部，供旅客挂衣物用。不封闭的衣帽间仅能用来放置衣物或悬挂衣袋。

隔板是用来分隔客舱内的各个空间的，如公务舱和经济舱之间、经济舱与后服务间之间都是用隔板分隔的。有些隔板上配有装印刷品的书包袋，可装报纸、杂志等物品（如图4-11）。

4.1.4 乘客服务单元和氧气面罩

1. 乘客服务单元

乘客服务单元位于客舱旅客座椅头顶上方行李架的底部。每个乘客服务单元都配备了通风口、阅读灯、阅读灯按钮、呼唤铃按钮、"系好安全带"和"禁止吸烟"信号牌、座椅定位标志、氧气面罩储藏箱等（如图4-12）。呼唤铃灯位于乘客服务单元上。乘客在座椅区域时可通过按此开关呼叫客舱乘务员。

图 4-11　飞机隔板

图 4-12　乘客服务单元

2. 乘客氧气面罩

乘客氧气面罩位于座椅头顶上方的标准尺寸的行李架处，每个乘客服务单元装有一个化学氧气发生器，每一横排氧气面罩的数量比座位数多出 2 个，前厨房区域 2 个，乘务员座椅上方 2 个，每个卫生间马桶上方 2 个，可提供大约 12 分钟的氧气。

在出现客舱释压紧急情况时，客舱供氧系统通过氧气面罩为旅客及客舱乘务员提供氧气。在这一过程中，必须有一套氧气系统来确保机组、客舱乘务员和旅客的生命安全。氧气面罩存放在乘客座椅上方、卫生间天花板及客舱乘务员座席上方的氧气面罩储藏室内。当飞行高度达到 14000 英尺时，氧气面罩储藏室的门会自动打开，氧气面罩自动脱落（如图 4-13）。

3. 氧气面罩供氧打开方式

氧气面罩储藏室的门可以通过三种方式打开。

（1）自动方式　当客舱释压后，氧气面罩储藏室的门会自动打开，氧气面罩自动脱落。

（2）电动方式　当自动方式失效或任何高度，由机组操作驾驶舱内的一个电门，氧气面罩储藏室的门也能打开，氧气面罩自动脱落。

图 4-13 脱落的氧气面罩

（3）人工方式 当自动和电动都无法打开氧气面罩储藏室的门时，可用人工方式，客舱乘务员可以使用尖细的物品，如笔尖、别针、发卡等打开氧气面罩储藏室的门，使氧气面罩脱落。

4．氧气面罩使用方法

氧气面罩对于保护旅客及飞行员安全起到了重要的作用。使用氧气面罩时要注意方法（如图 4-14）。

图 4-14 氧气面罩使用方法

① 氧气面罩脱落后，用力拉下面罩。氧气面罩与化学氧气发生器之间系着一根细绳，如果向下拉面罩就会拉动这根细绳，从而触发氧气发生器内部的装置刺穿氧气发生器的化学物质腔，使腔内化学物质迅速混合发生化学反应而产生氧气，所产生的氧气再通过导管输出到面罩供给旅客。由此可见，氧气面罩脱落后并不会自动输出氧气，一定要有拉面罩这个动作，才会触发化学反应而产生氧气。

② 将面罩罩在口鼻处。

③ 把带子套在头上。

④ 进行正常呼吸。

一般一排座椅共用一个氧气发生器。每一横排氧气面罩的系紧绳在另一端是连在一起的，如果有旅客拉面罩时不小心把系紧绳拉断了，只要同一排的其他旅客能正常拉下面罩，触发氧气发生器，那么这位旅客也是可以获得氧气供应的。

5. 使用氧气面罩时的注意事项

使用氧气面罩时应注意以下几个方面。

① 氧气面罩只有在拉动面罩后才开始工作。

② 在化学氧气发生器供氧方式下，拉动储藏箱内的任何一个面罩，都可以使该氧气面罩储藏室内所有的面罩都有氧气流出，氧气系统一旦开启后就不能关断。

③ 在固定氧气瓶供氧方式下，只有拉下的氧气面罩才有氧气流出，到达安全高度，驾驶舱机组可关闭氧气系统。

④ 化学氧气发生器工作时，不要用手触摸，以免被烫伤。

⑤ 前货舱或电子舱内有一个大的固定氧气瓶为机组人员提供氧气，机组人员有各自的氧气面罩和调节器，可以选择吸 100％纯氧或混合氧。

⑥ 不要将使用过后的氧气面罩放回储藏室内。

4.1.5 客舱乘务员工作岗位

客舱乘务员工作岗位位于前、后舱旅客入口处，包括乘务员控制面板（audio control panel，ACP）、乘务员工作灯、耳机（话筒）和乘务员座椅、有明显标记的应急设备和含有氧气面罩的服务单元位于每个工作岗位。

1. 前舱控制面板

前舱控制面板位于飞机前舱入口处的壁板上，即前舱乘务员座椅上方，包括娱乐系统电源按钮、内话机（广播器）、入口灯开关、顶灯开关、窗灯开关、工作灯开关和地面服务灯开关等设施（如图 4-15）。

图 4-15 前舱控制面板

2. 后舱控制面板

后舱控制面板位于飞机后舱入口处的壁板上，包括清水表、污水表、垃圾系统标志、内话机（广播器）、入口灯开关、工作灯开关、应急灯开关等设施（如图 4-16）。

图 4-16　后舱控制面板

4.2 客舱灯光及通信设备

4.2.1 客舱灯光系统

1. 顶灯

顶灯（ceiling light），由位于前舱控制面板上的五个开关控制（如图 4-17），这五个开关分别是：

关（off）：天花板灯光关闭。

夜晚（night）：位于行李架顶部的白炽灯亮。这是灯光亮度的最低挡。夜航休息时使用，通常与窗口灯 off 一起使用。

暗（dim）：将所有天花板的白炽灯打开至最低挡。

中（medium）：将所有天花板的白炽灯打开至中挡。

亮（bright）：将所有天花板的白炽灯打开至最高挡。

图 4-17　传统型控制面板

现有 B737 机型部分配有天空内饰的顶灯（如图 4-18）。

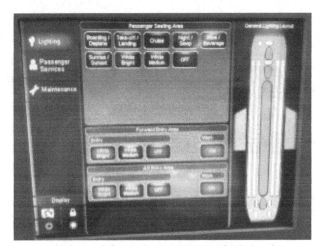

图 4-18 天空内饰 LCD 触摸式控制面板

长航线夜航飞行，灯光调节时应注意由暗逐步到亮，给旅客适应的过程。服务结束后，客舱乘务员可直接调暗灯光，不需要广播提示。当旅客阅读时，必须经过询问后帮助其打开阅读灯。飞行中的任何时候，服务间的 Work 灯不得关闭。

2. 窗口灯

窗口灯（windows light），由前舱控制面板上的三个控制开关控制，这三个开关分别是：

关（off）：关闭所有窗口灯。

暗（dim）：将窗口灯打开至最低挡。

亮（bright）：将窗口灯打开至最高挡。

3. 入口灯

入口灯（entry light），分别于飞机前、后入口区域，照明由位于各自乘务员控制面板上的开关控制。入口灯开关为三个：

关（off）：除非提供外部电力，否则所有入口灯关闭。当使用外部电力时，灯光很暗。

暗（dim）：将入口灯调暗。

亮（bright）：将入口灯调亮，同时打开门槛灯。前卫生间地板上方的墙壁上装有一个门槛灯。

4. 工作灯

工作灯（work light），每个乘务员工作岗位都有工作灯，工作灯由每个工作岗位的乘务员控制面板上的开关控制（如图 4-19）。

图 4-19 窗口灯、入口灯、工作灯控制系统

5. 应急灯

应急灯（emergency light）光可以在正常电源不可用时提供应急照明，包括内部和外部应急灯光，主要有区域灯、出口灯、滑梯灯、地板灯、应急圆顶灯等。内部应急灯光主要有门的出口位置、地面应急灯、走廊应急灯、出口指示位置等发光标志。外部应急灯光主要位于每个入口和服务门的后部，为逃生滑梯提供照明。

应急灯的开关电门有两个，分别位于驾驶舱内和客舱控制面板，测试时按压应急灯后，应急灯光会亮起，以便于在不同的位置检查应急灯光的工作情况。

① 当飞机发动机和 APU 同时停止供电时，所有紧急出口灯开关打开，其电源来自飞机应急备用电瓶。

② 前登机门到后登机门处的客舱地板、座椅边缘、行李架边缘设有紧急出口指示灯，靠近紧急出口的灯光为红色。

③ 每一个紧急出口的上方，以及与紧急出口平行的天花板上，都设有紧急出口指示灯，当指示灯亮起时，其显示颜色为白底红字（如图 4-20）。

图 4-20　紧急出口指示灯

B737 飞机传统型前舱乘务员座椅上方控制面板灯光调节标准如表 4-1 所示。

表 4-1　B737 飞机传统型前舱乘务员座椅上方控制面板灯光调节标准

服务阶段	旅客座位区域灯光模式	服务间顶灯	备注
迎、送客	Boarding/Deplane	White Bright	
安全演示	Boarding/Deplane	White Bright	录像演示时调到 Sunrise/Sunset
安全检查	Sunrise/Sunset	White Medium	

续表

服务阶段	旅客座位区域灯光模式	服务间顶灯	备注
起飞前确认广播	日航：Take-off/Landing 夜航：Night/Sleep	OFF	
餐饮服务时	日航：Cruise/Meal. Beverage 夜航：Cruise/Meal. Beverage	White Medium	
机上销售及机上活动	日航：White Medium 夜航：Cruise/Meal. Beverage	White Bright	
平飞阶段	日航：Cruise 夜航：Night/Sleep	日航：OFF 夜航：OFF	
下降前客舱准备广播前3分钟	Cruise	White Medium	
落地前安检后	日航：Take-off/Landing 夜航：Night/Sleep		OFF

4.2.2 客舱内话系统

客舱内话系统在驾驶舱、乘务员工作岗位和外部/内部都有。客舱里有两个话筒，分别位于前、后入口处的乘务员工作岗位。

1. 客舱内话系统简介

客舱内话系统可实现以下几方的通话。

① 驾驶舱对乘务员。

② 乘务员对驾驶舱。

③ 乘务员对乘务员。

④ 对客舱广播。

当乘务员需要进行呼叫时，从话筒支架上取下话筒（听到拨号音），拨打需要联系的号码或呼叫类型，即可进行客舱内话呼叫。客舱内话呼叫时不必使用"按键通话"键（如图4-21）。

图4-21 客舱内话机

2. 呼叫显示灯

不同需求的呼叫，相应需求的呼叫灯就会亮起。控制呼叫灯面板装在客舱行李架的前、后面板上。控制呼叫灯面板上有三种颜色的灯光。

① 粉色灯亮：机组呼叫乘务员或乘务员之间呼叫。

② 蓝色灯亮：代表客舱内旅客呼叫乘务员或乘务员呼叫机组时，客舱内的显示灯不亮，驾驶舱内有蓝灯闪烁。

③ 琥珀色灯亮：代表卫生间内有人呼叫。

当内话系统呼叫时，相应颜色的呼叫灯就会亮起（如图4-22）。

图 4-22　控制呼叫灯

3. 注意事项

① 内话机处于正常状态时，驾驶舱可随时听到通话声音。

② 起飞后3分钟、落地前8分钟，除非极特殊情况（含非安全事件），禁止给驾驶舱打电话。

4.2.3　客舱广播系统

客舱广播系统是驾驶舱、乘务员对客舱进行广播或播放预先录好的广播词的设备。娱乐音乐和登机音乐也可通过客舱广播系统播放。乘务员可使用客舱内话机进行客舱广播。

1. 客舱广播顺序

通过客舱广播系统可播放预录广播和登机音乐，它是由广播/机上音乐系统控制的。当出现几个部位同时使用内话系统时，客舱广播按以下顺序播放。

① 驾驶舱广播。

② 乘务员广播。

③ 预录广播。

④ 机上音乐。

如果客舱正在进行广播，此广播享有优先权，那么其他广播系统会暂停工作（预录广播、机上音乐、娱乐音乐/录像）或被超越，以保证重要广播优先播放，即机组广播、乘务员广播、机上音乐三者的优先权为：机组广播优先于乘务员广播，乘务员广播优先于机上音乐。

2. 客舱广播设备使用方法

① 从支架上取下话筒（听到拨号音）。

② 在话筒上输入数字"8"（对客舱广播）。

③ 按下"按键通话"（PUSH TO TALK）开关，松开 PUSH TO TALK 键，通话

结束。

3. 广播注意事项

① 广播时嘴与广播器的距离要适中。

② 广播中需要停顿时，必须松开送话键。

③ 广播时不可吹或拍广播器。

④ 广播时，旁边人员需保持安静，防止广播器中传出异常声响。

4.2.4 娱乐系统

图 4-23　娱乐系统设备

娱乐系统设备位于客舱 L1 门乘务员座椅上方。播放登机音乐或客舱音乐时按"MUSIC"键，再按"START"键，播放预录广播时按"ANNC"键，再按"START"键，旋转音量调节旋钮可以调节音量大小。关闭音乐时，先将音量调节旋钮缓慢调至最小，再按下"STOP"键关闭（如图 4-23）。

部分配有天空内饰的 B737-800 机型是全触摸屏，不需要按键，只需触摸相应内容即可播放。

4.3 机上卫生间

4.3.1 机上卫生间设施简介

B737-800 机型客舱内一般设有 4 个卫生间，L1 门处 1 个，L2 门处 2 个，R2 门处 1 个（如图 4-24）。其中，机舱前部的卫生间可供头等舱旅客使用，机舱后部的 3 个卫生间可供经济舱旅客使用。

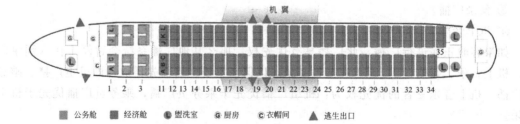

图 4-24　B737-800 机型卫生间分布

机上卫生间主要设施有插销、冲水马桶、防颠簸扶手、婴儿折叠板，侧面有梳妆镜、梳妆台、镜灯（受门闩控制）、洗手池按压式水龙头、卫生用品存放处、垃圾箱、自动灭火装置、"请回座位"信号灯、呼叫按钮。顶部有室内照明灯（受门闩控制）、通风设备、氧气面罩储藏箱、扬声器、烟雾探测器等（如图 4-25）。

1. 机上卫生间门

机上卫生间门可从外部开锁或者锁闭。向上抬起标有"LAVATORY"的金属板（如图 4-26），将锁舌拨到左侧或者右侧即可开启或者锁闭卫生间。如果有人被反锁在卫生间内，乘务员可通过外部门闩帮助其打开卫生间的门。

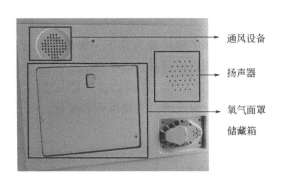

图 4-25　卫生间设施

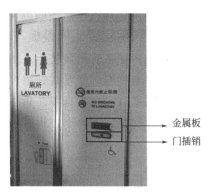

图 4-26　卫生间门及插销

2. 卫生间灯光

在空中飞行期间，卫生间有人占用并锁定后，卫生间照明灯（如图 4-27）和镜灯（如图 4-28）自动变亮。此时，门外插销显示红色，卫生间指示灯（如图 4-29）变红。如卫生间内无人，门外插销显示绿色，卫生间指示灯显示绿色。在地面停留期间，卫生间镜灯不受插销控制，和顶灯一样始终亮起。

图 4-27　卫生间照明灯

图 4-28　镜灯

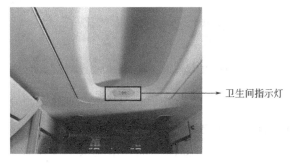

图 4-29　卫生间指示灯

3. 冲水马桶

B737-800 型飞机的马桶为高压抽气式马桶（如图 4-30），由桶身、坐垫、马桶盖和冲水按钮组成。使用马桶时，按下"FLUSH"按钮，马桶自动抽气。注意纸巾、清洁袋等物品不能扔进马桶内。

马桶开始抽水持续大约 7 秒钟，在下次冲水循环系统启动之前，有 15 秒钟的自动延迟时间。洗手间废水经过滤、净化后，通过机腹部几根可以加热的金属管排出机外，排泄物集中收集在机腹的集便器内，在地面由排污车负责抽取。

4. 防颠簸扶手和婴儿折叠板

机上卫生间内配备防颠簸扶手（如图 4-31），同时也可供残疾或行动不便的旅客使用。当飞机在飞行过程中遇到颠簸时，旅客可以通过紧握扶手来固定自身。

飞机客舱后部有一个带有婴儿折叠板（如图 4-32）的卫生间，可供旅客为婴儿更换尿布使用。拉开卡扣并向下放下，折叠板打开。使用完，需及时收回，并确保锁扣复位。

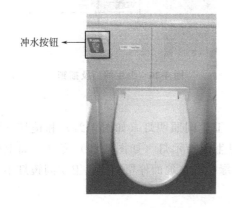

图 4-30　冲水马桶

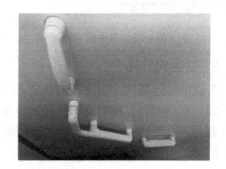

图 4-31　防颠簸扶手

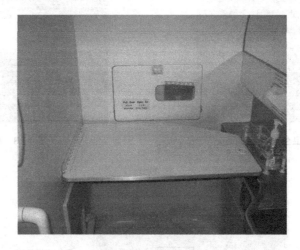

图 4-32　婴儿折叠板

5. 洗手池按压式水龙头和热水器

B737-800 型飞机卫生间洗手池（如图 4-33）水龙头为按压式水龙头。水龙头上标有"PUSH"字样，向下按压出水，水龙头自动收回，出水停止。当洗手池内有积水时，按压水龙头后方长条形按钮,即放出洗手池内积水。

洗手池下方安装有热水器(如图 4-34),可为水龙头提供热水。将热水器肘节式开关放置到 ON 位开启,OFF 位为关闭。开启热水器可在 4 分钟内将冷水加热至 52~56℃,当水温达到 88℃时,热水器将自动断电,也可人工关闭。

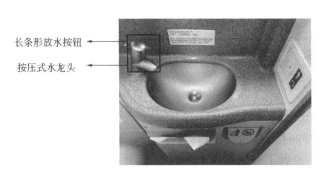

图 4-33 洗手池

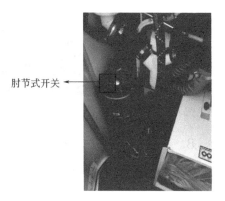

图 4-34 热水器

6. 卫生用品存放处

台面上有化妆物品置物架(如图 4-35),上面有洗手液、润肤霜、香水等。侧面壁板上有擦手纸、卫生纸、呕吐袋、马桶垫纸等卫生用品(如图 4-36)。在梳妆镜后有卫生用品存放柜,按压梳妆镜底部按钮,存放柜自动打开,关闭时要确保锁扣复位。

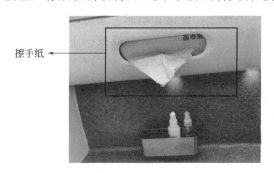

图 4-35 化妆物品置物架

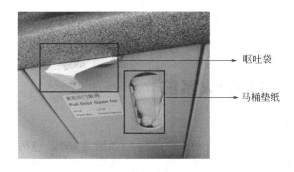

图 4-36 卫生用品

7. 垃圾箱

每个卫生间都配有垃圾箱(如图 4-37),位于洗手池下方,垃圾箱门在洗手池右侧,使用前必须套上垃圾袋，禁止投入烟头及易燃物品。使用完之后，垃圾箱门会自动弹回。

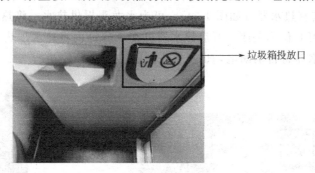

图 4-37 垃圾箱

8. "请回座位"信号灯和呼叫按钮

通常情况下，"请回座位"信号灯和呼叫按钮（如图 4-38）在一起，位于洗手池右侧壁板上或者下方壁板上。当卫生间"请回座位"信号灯亮起时，即为通知留在卫生间的旅客尽快返回到座位上并系好安全带。

图 4-38 "请回座位"信号灯和呼叫按钮

卫生间呼叫按钮是旅客在使用卫生间时需要帮助时的呼叫工具。旅客按下此按钮呼叫乘务员时，卫生间门外部壁板上的琥珀色灯（如图 4-39）和服务间上方呼叫显示器内的琥珀色灯同时亮起，并伴有一声高低谐音响起。解除呼叫的方法有两种：进入卫生间重按呼叫按钮或按一下卫生间外部壁板上的琥珀色灯即可解除。

图 4-39 卫生间呼叫外部显示

4.3.2 机上卫生间灭火系统

1. 自动灭火装置

卫生间的洗手池下方装有一个自动灭火装置（如图 4-40），包括一个海伦灭火器和一个或两个指向垃圾箱的热感喷嘴。温度指示器位于洗手池下方的垃圾箱处，通常情况下，温度显示器为四个灰白色圈点，灭火器喷嘴用密封剂封死，当环境到达 77～79℃时，温度指示器（如图 4-41）上的灰白色圈点变为黑色，喷嘴的密封剂自动熔化并向垃圾箱内喷射海伦灭火剂。自动灭火器的喷射时间为 3～15 秒钟。客舱乘务员在飞行前需检查温度指示器是否为白色，如果不是，应立即报告机长或地面机务人员。

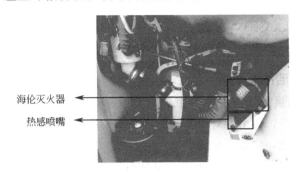

图 4-40　自动灭火装置

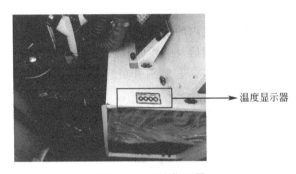

图 4-41　温度指示器

2. 烟雾探测器

每个卫生间的天花板上都配有烟雾探测器（如图 4-42），包括烟雾感应器和信号显示系统，是为了防止旅客在卫生间吸烟引起火灾。当卫生间的烟雾到达一定浓度时，信号系统的红色报警指示灯闪亮，并连续地发出刺耳急促的"嘀、嘀、嘀……"声。解除报警声，待烟雾消除干净，红色报警指示灯自动熄灭，报警声停止。

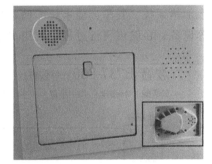

图 4-42　烟雾探测器

4.3.3　机上卫生间清洁的要求

在航前，乘务长需参照"机上清洁用品配备、回收单"核对清洁卫生用品数量，并检查卫生间内各种清洁卫生用品配置是否齐全。保持卫生间内通风孔通畅，原则上卫生间使用三人次时一打扫，同时客舱乘务员还应根据卫生间内的清洁程度注意及时打扫。

1. 机上卫生间清洁程序及清洁标准

机上卫生间清洁程序可按以下流程进行。
① 洗手间门：无污渍。
② 镜子：明亮。
③ 平台：无杂物、污渍。
④ 洗手盆：无积水。

⑤ 马桶盖、坐垫：无污渍。
⑥ 地板：无渍水、杂物。
⑦ 洗手液：拧开状态。
⑧ 盒纸、卷纸：整齐。

2. 机上卫生间清洁注意事项

① 客舱乘务员在提供餐饮服务时，由厨房客舱乘务员负责对卫生间进行打扫及监控，如果没有厨房客舱乘务员，可由背对服务间的客舱乘务员负责打扫。禁止客舱乘务员穿围裙打扫卫生间，打扫完毕后，注意及时洗手。

② 客舱回收完垃圾后，要对卫生间进行彻底打扫。

③ 禁止用擦手纸打扫卫生间。

④ 及时更换、添补卫生间内卫生用品。

⑤ 清洁卫生盆时，禁止将洗手盆内的活塞拔出。

⑥ 清洁洗手间用的毛巾，在使用后及时投入垃圾箱。

⑦ 对于不知道卫生间位置的旅客，客舱乘务员应积极引导，并告知旅客冲水按钮及垃圾箱的位置。

⑧ 飞机过站期间，客舱乘务员应监控卫生间排污情况。

4.4 机上厨房

B737-800 型飞机上共有前后舱两组厨房（如图 4-43），其中每组厨房均配备有烤箱、饮用水加热系统、餐车、烧水杯、储物柜、积水槽（如图 4-44）、垃圾箱（如图 4-45）、工作灯等设备。在航班飞行过程中，厨房主要用于为旅客和机组人员储备和准备食品及饮料等。

*机型介绍图为示意图，实际布局请以乘机时为准。

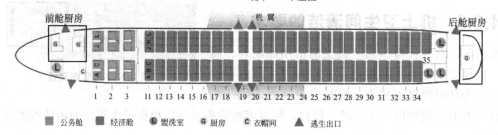

图 4-43　B737-800 机型厨房分布

4.4.1　厨房电力和控制面板

1. 厨房电力

厨房总电源由驾驶舱控制，一般在飞机平飞后才能打开。厨房内有一电力控制板，控制板上有保险丝，当发生电器短路时，保险丝会跳开。如出现短路，航后客舱乘务员应填写事

单元4　客舱服务设备与客舱环境

图 4-44　积水槽

图 4-45　垃圾箱

故单，并报机务维修。当由飞机发动机内的发电机或 APU 或地面外接电源供应任何一台或多于一台发动机故障时，厨房电源将自动切断。

2．厨房控制面板

厨房控制面板主要包括：电源显示灯、工作灯开关、服务间区域灯光开关、烤箱电源跳开关、烧水杯开关、热水器电源跳开关（如图 4-46）。

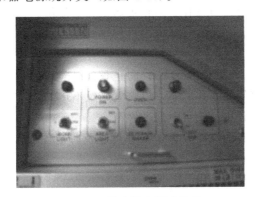

图 4-46　热水器电源跳开关

使用时应注意，使用时指示灯亮，拔起跳开关按钮可切断电源，短路时跳开关自动跳开。如跳开关跳开，只可复位一次，如再跳开则不能再使用，客舱乘务员需填写"客舱记录本"。

4.4.2　厨房设备及使用方法

1．烤箱

在 B737-800 型飞机上，前厨房配备三个烤箱，一般为机组和头等舱旅客提供服务。后厨房配备四个烤箱（如图 4-47），主要为经济舱旅客提供服务。

（1）烤箱的操作方法　烤箱可以根据烘烤食材种类不同设定相对应的温度和时间（如图 4-48），具体操作如下。

① 按"ON/OFF"键开启烤箱电源。

② 按"MENU/TIME"键选择对应烘烤食物的种类以及所需要的温度，按"SELECT"键确定。

049

图 4-47 后厨房烤箱

图 4-48 烤箱操作按钮

③ 通过"TIME/MENU"键设定时间，按"SELECT"键确定。

④ 按"START/PAUSE"键开始或暂停烘烤。

（2）使用烤箱注意事项

① 操作烤箱前，需确认烤箱内除食物外无其他物品。

② 操作者需戴上棉手套进行操作，防止被烤箱箅子烫伤。

③ 如烤箱架上有干冰，必须将干冰取出再加热。

④ 烤箱不可空烤。

⑤ 当烤箱装满餐食时，开门时要小心，防止餐食滑落。

⑥ 烘烤中，随时观察烤箱工作状态，以防电热丝不热或风扇被卡住。

⑦ 飞机起飞和下降过程中，不可以启动烤箱。

⑧ 如检查发现烤箱内有油渍时，客舱乘务员应及时清理或让清洁人员进行清理，必要时可通知地面维修人员进行检查。

⑨ 严禁将烤箱作为储物柜使用。

2．热水器

热水器（如图 4-49）可为旅客提供加热的饮用水。

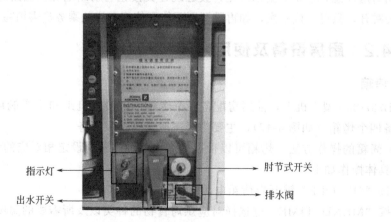

图 4-49 热水器

(1) 热水器的操作方法　把肘节式开关放至"ON"位打开电源，两个指示灯全部亮起，加温灯熄灭后，水温达到设定温度，此时热水可用。一般情况下，水温可达到88℃。

(2) 使用热水器注意事项

① 使用前必须先放水，确认水流顺畅方可打开电源，否则检查水表和水关闭阀门。

② 当"NO WATER"指示灯亮起时，应立刻关闭电源停止使用，扳动出水开关直至有水流出，再次打开电源开关。

③ 如出水口出现喷气现象时，要注意防止烫伤。

④ 起飞和下降过程中，必须关闭饮用水加热系统电源。

3. 烧水杯

烧水杯（如图4-50）位于厨房水槽旁边。在服务过程中，烧水杯可快速少量提供加热的饮用水。

(1) 烧水杯的操作方法

① 烧水杯内倒入水至七八成满，盖上杯盖，推入插座并扣好保险卡（如图4-51）。

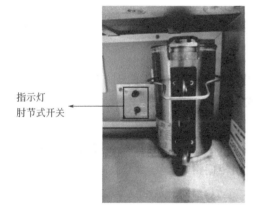
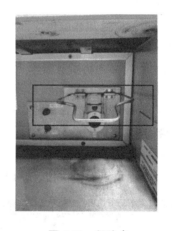

图4-50　烧水杯　　　　　　　　　图4-51　保险卡

② 把肘节式开关放至"ON"位开始加热。

③ 水烧开后，开关放至"OFF"位，关闭电源，拔下烧水杯。

(2) 使用烧水杯注意事项

① 为防止电器失火，禁止空烧烧水杯。

② 烧水结束后，必须先关掉计时器，再拔出水杯。

③ 拔出水杯时，谨防沸水烫伤。

④ 落地前，将烧水杯放回原位并固定好。

4. 餐车

机上餐车（如图4-52）分为长车和对半车两种，存放和固定在厨房的相应餐车位中，用于存放餐食、饮料和机供品。餐车由干冰盘、把手、冷风窗、车锁和底部的绿色解除踏板、红色刹车踏板组成。

(1) 餐车的操作方法

① 使用时，打开餐车位上的固定餐车锁扣，踩踏绿色解除踏板松开刹车，并向外拉出餐车。

② 使用餐车时，随时踩踏红色刹车踏板，以免餐车滑动。

③ 餐车使用完毕，必须放回餐车位，踩踏刹车并扣好锁口。

图 4-52　餐车

（2）使用餐车注意事项

① 飞机在滑行、起飞、下降和着陆期间，餐车应被固定在其收藏位置，踩好刹车。

② 直接准备阶段及过站交换餐车时，要对餐车进行检查，对于没有刹车的餐车或不能被固定的餐车，应通知客舱供应部门予以更换。餐车推出客舱时或在客舱中停留时，都必须有人看管，只要餐车在客舱中停留，就必须踩好刹车。

③ 使用后，必须将所有餐车重新收藏并固定好。

④ 若在飞行中发现餐车刹车装置有缺陷，需收好餐车，不再用于客舱服务并进行标记，以保证易于辨别不可用的餐车并在基地撤回维修或替换。

5. 储物柜

储物柜（如图 4-53、图 4-54）位于机上前、后厨房内，用于存放机供品和乘务员物品。飞行期间，储物柜要用锁扣扣好，用完后应及时关闭柜门。

图 4-53　储物柜（1）

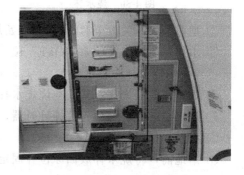

图 4-54　储物柜（2）

① 所有的食品、客舱服务供应品都应放置在装机规定的区域里，且保证已被固定好，不会因起飞、颠簸、下降而滑出。

② 食品配备人员有责任将不能储放或由客舱乘务员提出的任何物品卸下飞机，如果时间不允许，在离港前无法将这些供应品由地面服务人员或食品配餐人员移走，应将这些物品放置在廊桥上，并在航班离港后，由得到通知的地面工作人员与食品配餐员一起协作将其移走。

6. 水开关阀

机上每一组厨房都有一个独立水开关阀（如图 4-55），用于控制该厨房的用水。开关指向"OPEN"位时，水阀打开，开关指向"SHUT"位时，水阀关闭。

4.4.3 厨房管理要求

图 4-55 水开关阀

① 厨房内的客舱乘务员应勤洗手，注意个人卫生，为旅客提供安全、卫生的餐饮。

② 冷热食物及用具要分开冷藏或加热，保证温度适中。

③ 对于厨房内所有服务用具，要轻拿、轻放、轻开、轻关，并保证用具的干净、无污迹。

④ 不得将液体直接倒入垃圾箱内。咖啡、牛奶、果汁等不能直接倒入厨房的漏水槽，防止堵塞。

⑤ 保证厨房内的冰箱、烤炉、保温箱、储藏室的干净整洁。

⑥ 不要把塑料或纸类品放在烤炉和保温箱内。

⑦ 按照操作要求，正确使用厨房设备。

⑧ 起飞、落地时必须将不需要使用的厨房设备的电源关闭。

⑨ 保持厨房工作间的整洁干净，飞机在起飞、降落时，所有服务用品都必须安全存放。

⑩ 机供品等物品应整齐地放入储物柜中，尽量避免外露。

⑪ 出入厨房时注意拉隔帘，并且谢绝旅客逗留。

⑫ 客舱乘务员在厨房操作期间，要轻拿、轻放，尽量避免发出声音。

4.5 客舱舱门

B737-800 型飞机设计共有 4 个操作方式相同的舱门（如图 4-56），分别为登机门（左侧 2 个）和勤务门（右侧 2 个），代号分别为 L1、L2、R1、R2。通常情况下，左侧登机门供旅客和工作人员上下飞机使用。L1 门为开启方便而带有弹力，登机门与廊桥或客梯车对接。

*机型介绍图为示意图，实际布局请以乘机时为准。

波音 B737-800 (159个座位)

公务舱：1～3排；12个座位　　经济舱：11～35排；147个座位

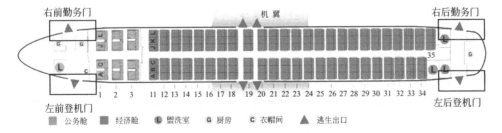

图 4-56 B737-800 型飞机舱门分布

右侧勤务门供装卸机上供应品、食品和日常勤务使用。在紧急情况下，机上 4 个舱门都可作为出口使用，并可由机内或者机外人工开启或关闭。

4.5.1 客舱舱门结构及功能

B737-800 型飞机的舱门（如图 4-57）由红色警示带（滑梯预位标志带）、观察窗、舱门控制手柄、舱门辅助手柄、滑梯包、滑梯压力指示表、滑梯杆、滑梯杆挂钩、地板支架、阻拦绳、阵风锁等部件构成。

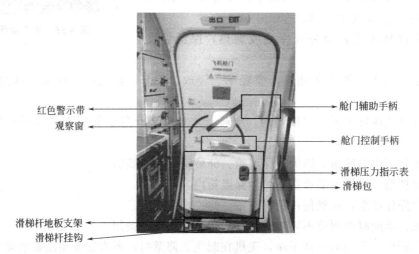

图 4-57　B737-800 型飞机的舱门

1. 红色警示带和观察窗

（1）红色警示带（如图 4-58） 红色警示带又称为滑梯预位标志带，用于提示滑梯杆与地板支架是否连接。滑梯预位时，滑梯杆卡在地板支架上，红色警示带应斜挂于舱门观察窗处，从舱门内部或者舱门外部都可清晰地看见该警示标志，用于提示舱门内、外人员不能打开舱门。

图 4-58　红色警示带和观察窗
（滑梯预位时）

（2）观察窗（如图 4-58） 机舱内部人员通过观察窗来观察飞机外部情况，从而决定是否可以打开舱门。

2. 舱门手柄

舱门手柄包括舱门控制手柄和舱门辅助手柄。

（1）舱门控制手柄　乘务员开启或关闭舱门的手柄。

（2）舱门辅助手柄　舱门的左右侧以及舱门上都设有辅助手柄，供乘务员在开关舱门以及组织紧急撤离时抓取使用。

3. 滑梯包和滑梯杆

（1）滑梯包（如图 4-59） 位于各舱门内侧下方，存放应急滑梯。B737-800 型飞机配备的是单通道滑梯，主要供陆地撤离时使用。

（2）滑梯压力指示表　滑梯是靠一次性气瓶充气的。正常情况下，气瓶上的滑梯压力指示表的指针应指向绿色区域。

图 4-59　滑梯包

（3）滑梯杆　位于滑梯包的底端，是滑梯充气操作杆。当滑梯解除预位时，滑梯杆应放置在滑梯挂钩上；当滑梯预位时，滑梯杆应卡在地板支架上。

（4）滑梯杆挂钩　滑梯杆放置在挂钩上，开舱门时滑梯不会充气。

4．地板支架

地板支架（如图 4-60），用于固定滑梯杆，紧急撤离时打开舱门，滑梯自动充气。

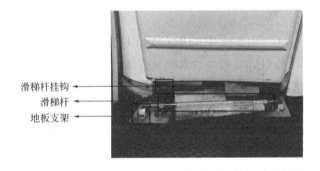

图 4-60　滑梯杆、滑梯杆挂钩、地板支架

5．阻拦绳

阻拦绳（如图 4-61），又称警示带，位于每个机门左侧门框，在舱门开启并且无廊桥、客梯车或者餐车对接时，需挂起黄色阻拦绳，以起到警示作用。

图 4-61　阻拦绳

6. 阵风锁

阵风锁，位于舱门和机体的连接杆上，用于舱门开启后的固定。关闭舱门时，需按住阵风锁，同时向内拉动，关闭舱门手柄。阵风锁有向下按压扳机式（如图 4-62）、向上按压扳机式、向下按压弹簧式和向上抬起滑块式四种。

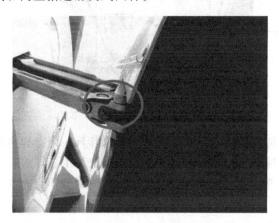

图 4-62 向下按压扳机式

【知识卡片】

飞行中的舱门可以打开吗

飞机舱门不同于普通的门，它的结构设计最靠近外部的一侧小于最靠近内部的一侧，因此无法从内部推开闭合的舱门。在飞机的巡航高度为 11000 米时，想要打开飞机舱门，需要大约 10800 千克力——相当于举起两头非洲大象。

飞机的飞行低于 2400 米，此时，机舱内外的压力差很小，比较容易打开舱门。不过为了防止意外，飞机舱门在飞行途中都是被锁死的，无法直接打开。

4.5.2 开关舱门的操作方法

B737-800 型飞机可以从内部开、关舱门，也可以从外部开、关舱门。

1. 内部关闭和打开舱门

（1）从内部关闭舱门及滑梯预位程序

① 收回黄色阻拦绳并扣好。

② 确认舱门内、外没有障碍物。

③ 按压舱门支撑臂上的阵风锁，拉动舱门后再松开。

④ 左手握住舱门辅助手柄，右手握住舱门上的手柄，用力将舱门拉至舱内。松开抓住舱门处一侧辅助手柄的手，扶住舱门开启手柄，以防止舱门砸向客舱乘务员发生意外。

⑤ 舱门拉回后，顺时针压下开启手柄至水平位置，关闭舱门。

⑥ 确认舱门周围没有任何夹杂物。

⑦ 把红色警示带斜挂在观察窗上，将滑梯杆从舱门挂钩上取下，将滑梯杆扣在地板支架内。

（2）从内部解除滑梯预位及打开舱门程序

① 从地板支架上取出滑梯杆，挂回到滑梯挂钩上，移开红色警示带。

② 确认舱门外无障碍物。

③ 按箭头指示方向（OPEN），旋转舱门手柄180°至水平位置。

④ 当舱门与机体成90°夹角时，松开抓住开启手柄的手，改为抓舱门一侧的辅助手柄。继续将门向外推，直至锁定，舱门开启完毕。

2. 外部关闭和打开舱门

（1）从外部关闭舱门程序

① 收回黄色阻拦绳并扣好。

② 确认舱门内、外无障碍物。

③ 按压舱门支撑臂上的阵风锁，拉动舱门后再松开，将舱门推回至舱内。

④ 握住舱门外部的操作手柄，并逆时针方向旋转180°，直到舱门被关闭并锁定。

⑤ 将舱门外部的操作手柄复位至与舱门平齐。

⑥ 检查舱门密封状况，确认其周围没有任何夹杂物。

（2）从外部打开舱门程序

① 确认舱门外无任何障碍物。

② 通过观察窗确认红色警示带没有斜挂在观察窗上。

③ 向外拉舱门外部的控制手柄，并沿"OPEN"方向旋转180°。

④ 将舱门向机头方向拉至全开位置，直至阵风锁锁定。

4.6 翼上出口简介

4.6.1 翼上出口

1. 翼上出口结构

B737-800型飞机的机翼上方、机身两侧分别设有4个翼上应急出口。出于安全考虑，该出口会自动保持锁定，并在手柄上安装有保护机构，以防止在飞行中打开（如图4-63）。

图4-63 翼上出口

飞行中进行紧急撤离准备时，禁止开启任何舱门，发动机完全停止工作后，应急出口才能打开。

在每个翼上出口的舱门结构上方均设有逃生绳。在抛出逃生绳之前，必须首先打开应急出口。逃生绳的一端连接于舱门结构，剩余部分存放于延伸至客舱顶部的管道内。使用时，应将其从存放处取出，然后连接于机翼上表面扣环。水上迫降时，逃生绳可用作旅客在翼上行走并爬至救生筏的扶手。

2．翼上出口的操作方法

该出口为机械锁固定的拱形门，使用出口门上方的弹簧锁定手柄，可从舱内或舱外使其开启。客舱内部开启出口方法，具体如下。

① 确认飞机完全停稳。
② 观察外部确保无烟、无火、无障碍。
③ 水上迫降时，判断门槛高于水面。
④ 抓住舱门开启手柄，向下拉动开启把手，打开翼上出口。
⑤ 水上迫降时，使用存放在出口的舱门结构上方的逃生绳，拉出逃生绳，扣在机翼上的黄色挂环上。
⑥ 引导旅客从机尾方向撤离飞机。

4.6.2 出口座位

1．出口座位的定义

出口座位是指旅客从该座位可不绕过障碍物直接到达紧急出口的座位和旅客从离出口最近的过道到达出口必经的成排座位中的每个座位。

出口座位旅客评估也会让很多旅客不理解，出口座位宽敞舒服，但是坐在这里的旅客需要履行一定的职责，即正常情况下不误操作出口，紧急情况下是作为援助者打开紧急出口门或窗，协助其他旅客撤离。所以，要求紧急出口处旅客脚下和身边不能有行李，对其年龄、身体状况有一定的限制，都是出于安全考虑。

2．出口座位安排原则

所有被分配在出口座位的旅客，应由地面值机人员负责问询，分配该区域座位时，应征询旅客的同意，并请旅客阅读有关紧急出口座位安排要求的公告，了解乘坐该座位的责任和义务。在得到旅客的承诺以前，值机人员不得将旅客安排在紧急出口座位。

（1）坐在紧急出口座位的旅客，在发生紧急撤离时，应能够协助机组成员。

（2）每个出口座位背后的口袋里都必须备有"出口座位安全须知卡"，客舱乘务员应在飞机起飞前提示出口座位旅客进行阅读，以便进行自我对照。

（3）被安排在出口座位上的旅客必须具备履行下列职责的能力。

① 确定紧急出口的位置。
② 认出紧急出口开启机构。
③ 理解操作紧急出口的指示。
④ 操作紧急出口。
⑤ 评估打开紧急出口是否会增加由于暴露旅客而带来的伤害。

⑥ 遵循机组成员给予的口头指示或手势。
⑦ 收藏或固定紧急出口门，以便不妨碍使用该出口。
⑧ 迅速通过紧急出口。
⑨ 评估、选择和沿着安全路线从紧急出口离开。
⑩ 评估滑梯的状况，操作滑梯，并在其展开后稳定住滑梯，协助他人从滑梯离开。

3. 不得安排在出口座位的情况

有下列情况的旅客，不得将其安排坐在出口座位。

（1）旅客两臂、双手和两腿缺乏足够的运动功能、体力或灵活性，导致下列能力缺陷。
① 向上，向旁边和向下达不到紧急出口位置。
② 不能握住并推、拉、转动相应机构。
③ 不能推、撞、拉紧急出口舱门操纵机构或者不能打开紧急出口。
④ 不能把与机翼上方出口窗门的尺寸和重量相似的东西提起、握住、放在旁边的座椅上，或把它越过椅背搬到下一排去。
⑤ 不能搬动在尺寸和重量上与机翼上方出口门相似的障碍物。
⑥ 不能迅速到达紧急出口。
⑦ 当移动障碍物时，不能保持平衡。
⑧ 不能迅速走出出口。
⑨ 在滑梯展开后，不能稳定该滑梯。
⑩ 不能帮助他人用滑梯离开。

（2）该旅客不到15岁。
（3）该旅客缺乏阅读和理解"出口座位安全须知卡"或机组口头命令的能力。
（4）该旅客的眼睛必须通过除隐形眼镜或普通眼镜以外的视觉器材的帮助才能拥有足够的视觉能力。
（5）该旅客的听力必须通过除助听器以外的器材的帮助才能拥有足够的听觉能力。
（6）该旅客缺乏足够的能力将信息口头传达给其他旅客。
（7）该旅客属于精神不正常、行为不能自制的旅客。

4. 调换座位

如果安排在出口座位上的旅客很可能没有能力履行所列的职责，或者旅客自己要求不坐在出口座位，客舱乘务员应当立即将该旅客重新安排在非出口的座位位置。在非出口座位已满员的情况下，如果需要将一位旅客从出口调出，客舱乘务员应当将一位愿意并能够完成应急撤离任务的旅客调到出口座位上。当在出口座位就座的旅客要求更换座位时，机组成员不得要求其讲出理由。

（1）当坐在出口座位的旅客按"出口座位安全须知卡"，或者机组成员向旅客进行出口简介自我对照时，有下列情形之一时，可以向机组成员要求调换座位。
① 属于不宜在出口座位就座的情况的。
② 不能确定自己是否具备应当具备的能力的。
③ 为了履行出口座位处的职责，有可能伤害其身体的。
④ 不能履行出口座位处可能要求其履行的职责的。

⑤ 由于语言、理解等原因，不能理解"出口座位安全须知卡"内容和机组成员讲解内容的。
"出口座位安全须知卡"中必须包括以上内容。
（2）飞行中如需调整紧急出口座位，应依照以下顺序优先安排。
① 公司加机组人员。
② 航空公司常旅客。
③ 公司加机组以外的内部员工。
每一位坐在紧急出口的旅客应当遵守机组成员或经授权的其他雇员所给予的、执行按本条制定的出口座位限制的指示。

4.7 客舱设备使用要求与故障报告

4.7.1 客舱设备使用要求

1. 客舱内
① 在整理完报纸之后，及时洗手，以免弄脏其他客舱设备。
② 对客舱内行李架、小桌板上的污渍要及时擦干净。
③ 在使用广播器的时候要轻拿轻放。
④ 在过站期间和航后关闭客舱中开启的阅读灯。

2. 服务间
① 不要将矿泉水或广播词等资料放在乘务员座椅上，以免影响座椅的弹性，同时，就座和起身时应用手轻扶座椅，以延长设备的使用寿命。
② 服务程序结束后，及时擦干净烤箱，并清洗咖啡壶。
③ 避免往垃圾桶的垃圾袋内倾倒液体，避免垃圾袋破损弄污地板和设备。
④ 餐车和储物格内堆放的物品不要过多，避免餐车门/储物格门变形。
⑤ 将咖啡壶放进储物格前，确保咖啡壶内无水，以免壶内的水弄污设备。
⑥ 轻开轻关储物格、餐车和烤箱的门。

4.7.2 客舱设备故障报告

乘务员应爱惜和维护客舱设备，使用时注意正确操作，当因设备磨损、零件丢失等原因造成使用不便的现象时，应及时填写"客舱故障记录本"（CLB），以便工程部进行维修和更换。

1. 起飞前发现客舱设备故障
① 乘务员需及时报告乘务长、机长，通知地面维修人员。
② 每次执行航班任务时，乘务长必须把客舱设备的状况记录在"客舱故障记录本"上。没有故障时，应在记录本上填写"未发现设备故障"或"NIL"，有故障时，应按要求认真填写故障内容。

2. 设备故障报告基本要求

① 当飞行乘务员在执行航班任务时，在直接准备阶段，首先检查"客舱故障记录本"的原始记录，了解该飞机的设备使用状况及所采取的维修措施。

② 检查客舱设备，如发现设备故障或使用异常时，应尽快通知飞机维修人员进行维修。

③ 如在空中出现设备使用故障时，须用中、英文双语填写"客舱故障记录本"，以便飞机维修人员在过站或航后进行处理。

④ 必要时需向责任机长报告故障情况。

3. "客舱故障记录本"的填写要求

① 已经办理保留的故障无须再次进行记录。

② 每一个故障分别填写一栏，便于飞机维修人员逐一对排故情况进行说明。

③ 必须由飞行客舱经理（乘务长）用蓝色或黑色笔按故障本上各项内容、要求，于故障发现的当段航班逐一、及时填写。

④ 字迹应工整、清晰，签名要用中文全称（外籍乘务员除外），同时填写内容应正确、完整、简明，不使用模棱两可的词语，对故障描述以及座位号填写要准确、详细，禁止出现笼统性的描述。

⑤ "客舱故障记录本"需用中、英文填写。

⑥ 维修记录填写后，原则上不得修改，如需涂改应使用圆圈将需修改内容圈起，在附近重新填写正确内容，并签署姓名和日期，不准用涂改液或墨水覆盖。对于重要的更改，还需标注理由。

⑦ 记录本中不得填写与客舱故障无关的内容。

⑧ 填写"客舱故障记录本"前确认"客舱故障记录本"上一页流水序号是否连续，不得跳号或跳页填写。

4. "客舱故障记录本"的填写范围

① "客舱故障记录本"是用来记录客舱内部设备的故障，包括旅客能感受到的所有设施设备已经不能使用或不方便使用的，均属于填写范围，如遮光板不能正常使用、马桶垫圈有缺口松动、阅读灯不工作等。

② 乘务员不能操作或不方便使用的所有设施设备，均属于填写范围，如热水器喷气易烫手、烧水杯有水垢、烤箱加热不均匀、乘务员座椅无弹力等。

③ 与客舱环境、客舱布置、客舱氛围有关的所有设备故障，均属于填写范围，如地毯翘起、地板压条缺失、座椅套缩水破损、出口操作手柄盖板松动、救生衣等设备标识张贴不牢等。

思考题

1. B737-800型飞机有几个舱门？功能分别是什么？
2. 简述客舱灯光系统的组成。
3. 客舱内话系统可实现哪几方的通话？

4. 简述机上卫生间主要设备。
5. 简述机上厨房主要设备。
6. 简述烤箱的使用方法及注意事项。
7. 简述烧水杯的使用方法及注意事项。
8. B737-800型飞机舱门包括哪些设备？
9. 简述从内部打开舱门的程序。
10. 简述从外部关闭舱门的程序。
11. 简述出口座位安排的基本原则。

【项目训练】

任务一：

1. 任务描述：根据B737-800型飞机舱门操作方法和要求，完成从内部关闭舱门及滑梯预位操作。

2. 要求：双人制操作，按关门前确认、执行舱门关闭程序、关门后确认、执行滑梯预位程序依次进行。

任务二：

1. 任务描述：根据B737-800型飞机舱门操作方法和要求，完成从内部解除滑梯预位及开启舱门操作。

2. 要求：双人制操作，按执行解除滑梯预位程序、开门前确认、执行舱门开启程序依次进行。

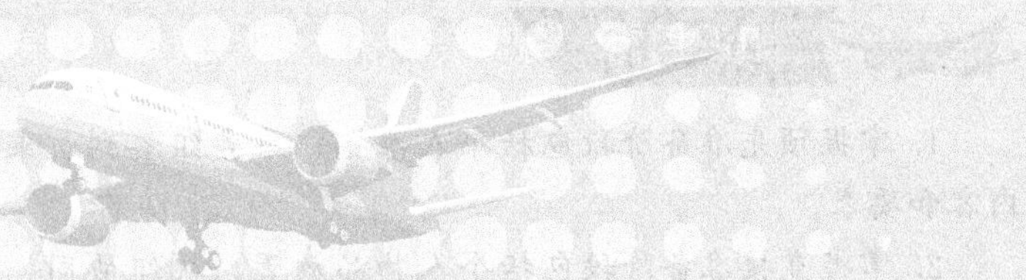

Chapter 05

单元 5

飞行阶段工作标准

知识目标

1. 掌握预先准备阶段包括个人准备、乘务组签到、乘务组准备会、进场及登机的工作内容和要求。
2. 掌握直接准备阶段包括个人物品放置、机组协同、飞行前客舱设备检查、服务准备工作、清舱的工作内容和要求。
3. 掌握飞行实施阶段包括地面实施、空中实施、着陆前、着陆后的工作内容和要求。
4. 掌握航后讲评阶段包括机组讲评和乘务组讲评的工作内容和要求。
5. 掌握客舱乘务员在工作中的空中服务流程、空中服务的基本技能和要求。

技能目标

1. 能按照乘务工作规范和流程组织和实施客舱服务工作。
2. 能按标准做好航前个人准备。
3. 能按规定程序实施客舱的航前检查和航后清舱。
4. 能按标准进行迎（送）客服务。
5. 能按标准为旅客介绍安全演示的内容。
6. 能按标准为旅客提供经济舱饮品、餐食服务。
7. 能按标准做好巡舱及细微服务。
8. 能运用服务技能，满足飞行工作各阶段中旅客的不同需求。
9. 能够运用相应技巧，在空中服务时为旅客提供规范、标准化的服务。

各航空公司的飞行阶段服务标准和流程会略有不同，但都会经过预先准备、直接准备、飞行实施和航后讲评四个阶段。乘务员工作的四个阶段非常重要，缺一不可，飞行阶段服务标准直接关系到能否圆满完成机上服务工作，确保飞行安全。

5.1 预先准备阶段

预先准备阶段是乘务工作四个阶段的起始阶段，是指客舱乘务员接受航班任务后至登机的过程。俗话说，良好的开端是成功的一半，充分的预先准备是保障航班客舱安全和服务质量的基础。

预先准备由个人准备和集体准备两部分组成，集体准备指乘务组签到和乘务组准备会。

5.1.1 个人准备

客舱乘务员的个人准备对航班运行的质量会起到关键的作用，主要包括确认航班计划、确认航班装具和仪容仪表准备三方面内容。

1. 确认航班计划

航空公司一般在一个月或一周前发布具体的航班计划，主要内容包括机型、航班时刻、执飞机组成员名单、起降机场等信息。客舱乘务员除了掌握航班计划任务外,还要了解更新的业务标准、安全规定和近期飞行注意事项,要复习航线知识、回顾安全规章和各项要求,并在规定的时间内完成航班任务准备。客舱乘务员需要提前了解的飞行任务内容见表 5-1。

表 5-1 飞行任务内容

项目	任务内容
航班信息	航班日期、航班号、飞行距离、飞行时间、巡航高度、机场名称、机场距市区距离、机长姓名、飞经地标、起落时间、配餐标准等
飞机信息	机型、机号、服务设备信息、紧急设备信息、故障保留信息等
服务信息	乘务组名单、录像节目、配餐机场、机场代码、查询旅客信息网、VIP 信息、特殊旅客的服务要求、最新业务通告、工作提示、近期检查内容等

2. 确认航班装具

客舱乘务员在执行航班任务前,要对携带装具进行确认,包括乘务员登机证(如图 5-1)、航空人员体检合格证、客舱乘务员训练合格证、"客舱乘务员手册"和《客舱乘务员广播词》,以及化妆品、走时准确的手表、干净平整的围裙和相关备用品等,确保齐全规范。

图 5-1 乘务员登机证

(1) 客舱乘务员应携带的装具

① 《客舱乘务员广播词》。

② 飞行相关业务资料。

③ 手表(有秒针及刻度指针)。

④ 姓名牌、胸徽。

⑤ 闹钟或具备闹钟功能的设备(过夜航班)。

⑥ 笔。

⑦ 计数器(见习乘务长及以上资格人员需携带)。

⑧ 化妆品、备份围裙、备份丝袜、软底鞋(女性客舱乘务员)。

(2) 乘务长应携带的装具

除客舱乘务员需携带的装具外,乘务长还应携带以下物品。

① 乘务长药盒(检查、确保药盒中的药品在有效期内)。

② 重要单据,包括"机上重大事件报告单""机组乘务组航前协同单""紧急医学事件报告单""应急医疗设备和药品使用知情同意书"等。

③ 国际乘务长包(国际航线)。

（3）空中保卫人员应携带的装具

① 专职安全员。其应携带警具包、"航空安全员执勤日志""航空安全员执勤检查单""证人亲笔证词""航空器安保搜查单""航班机组报警单""移交证据清单"。

② 兼职安全员。除乘务岗位所需携带的装具外，还应按规定携带警具包。

航空人员体检合格证中"限制"栏有要求佩戴矫正镜（眼镜或接触镜）的客舱乘务员，在行使执照权利时，应佩戴矫正镜，且备有一副随时可取用的、与所戴矫正镜度数相同的备份矫正镜。

3. 仪容仪表准备

客舱乘务员的制服要保持平整清洁，按照航班形象规范要求进行仪容仪表准备，服饰整洁，体现靓丽大方、端庄规范。应留有充分的时间做准备，避免发生迟到等意外情况。

5.1.2 乘务组签到

客舱乘务员在完成个人准备后，按航空公司的要求于航班起飞前以短信或电话形式向带班乘务长签到。签到内容一般包括：姓名、飞行时间、级别、胜任号位、是否具备广播资格、确认着装标准及乘务长/客舱经理有无其他要求等。

乘务长/客舱经理收到客舱乘务员短信或电话签到后必须回复表示知晓。对于未签到的客舱乘务员，乘务长/客舱经理应在航班起飞前3小时向乘务值班反馈。

区域乘务长和乘务长汇报本组人员到位情况。加机组人员需在飞机起飞前1小时在乘务值班员签到处签到或是电话签到。因天气等各种客观原因不能在规定时间内签到者，应提前打电话通知乘务值班处签到（如图5-2）。乘务组值勤签到的时间，各航空公司不同的航线和航班的具体规定不同。

图 5-2　乘务组签到系统

客舱乘务员签到后，还需完成航前酒精检测，一般于到达航前准备室的第一时间完成刷卡签到和酒精检测。对于酒精检测不合格人员，乘务长应立即通知乘务调度更换人员。

5.1.3 乘务组准备会

客舱乘务员在参加航前准备会之前，要认真学习最新的业务通告、文件通知，并对准备

单元5 飞行阶段工作标准

会的程序及内容进行提前复习。参加航前准备会需将飞行箱带到准备室进行准备，并以组为单位，将飞行箱整齐地摆放好。同时应携带好所有航班装具。

准备会一般在国内航班起飞前 1 小时 50 分钟左右、国际航班起飞前 2 小时 10 分钟左右由乘务长负责组织召开，主要内容见表 5-2。航前准备会的时间一般为 30 分钟左右。

① 主任乘务长/乘务长组织召开准备会，检查客舱乘务员的着装、仪容仪表，提醒个人必备的装备，包括走时准确的手表、现行有效的个人证件等。

② 乘务组之间自我介绍。

③ 通报近期空防、安全形势，掌握所飞航班的各种相关业务知识，包括航班号、机型、机长姓名、停机位、航线地标、中途站、终点站、起降时间等和所飞目的地的中国出入境检验检疫局（China Entry-Exit Inspection and Quarantine Bureau，CIQ）相关规定等。

④ 布置客舱服务工作并提出要求，对客舱乘务员的职责进行分工，客舱乘务员掌握所负责区域的应急设备数量、位置和应急处置程序。

⑤ 主任乘务长/乘务长制订空防预案以及颠簸预案，并对客舱安全工作提出要求。

⑥ 有外籍客舱乘务员参加飞行的航班准备会，应用英语与外籍客舱乘务员沟通和下达任务。与经过汉语测试合格的外籍客舱乘务员沟通或向其下达任务时，可使用中文。官方标准用语使用中文。

表 5-2 航前准备会程序及主要内容

序号	项目	主要内容
1	前期准备	乘务员到位情况、酒精检测情况
		领取各类物品
		检查专业化形象、飞行携带物品及资料
		自我介绍
2	服务分工	责任分工（指定特殊旅客服务人员等）
		抽查组员的准备情况
		根据机型、航线特点提出服务具体要求
3	安全教育	对颠簸、特殊旅客、安全预警等内容进行提示
		机型特点
		航线特点
		特殊旅客座位安排要求
		机上突发事件处理
		抽查组员的准备情况
		对应急出口及舱门/滑梯的责任人进行重点提示
		SS2 对服务和安全方面进行补充提示
		安全员讲解反劫机、爆炸物处置预案等内容
4	机组协同	确认任务书
		确认机组联络暗号
		空防预案
		紧急情况下的应急处置

067

5.1.4 进场及登机

乘务组完成安检、海关检查等安全事项后，严格按规定的登机时间，一般在航班起飞前1小时到达飞机。客舱乘务长作为乘务组进场时的监控人，对整个乘务组在进场时的秩序和专业化形象负有监督和管理责任。

客舱乘务员需在客舱乘务长的带领下，排队上机/下机，一般男乘务员和安全员排在最后。客舱乘务员统一为右手提拿或拖拉飞行箱，如果携带过夜包，可以采取将过夜包放在飞行箱或拉杆箱上拖拉，或者左手提拿过夜包的方式携带。客舱乘务员上下楼梯时，应将飞行箱拉杆收回后拎起飞行箱。

乘务组如需等候摆渡车进场，或在候机厅等待飞机时，应在指定区域等候，不得占用旅客候机座位，注意整组形象，要将飞行箱依次摆放整齐，注意保持公众场所卫生。不得以等候为由在公众场合吸烟，不得在候机楼内闲逛。

5.2 直接准备阶段

直接准备阶段是乘务工作四个阶段的第二阶段，是指客舱乘务员进入客舱开始准备工作至旅客登机前的过程，全部直接准备工作必须在旅客登机前完成。直接准备阶段的主要工作内容见表 5-3。

表 5-3 直接准备阶段的主要工作内容

项目	主要内容
直接准备阶段	安放个人物品
	检查旅客服务设施
	检查娱乐和呼叫系统
	检查安全演示用的设备
	签收并安放卫生间的卫生用品
	检查卫生间和客舱卫生
	整理摆放好书报杂志
	检查餐食、食品和供应品
	检查厨房设备和厨房卫生
	把需要冰镇的酒类、食品、饮料放进冰箱
	准备完毕后报告乘务长
	清舱，打开登机音乐，调好灯光

5.2.1 个人物品放置

上机后，客舱乘务组先将个人物品，如随身小包、随身行李箱等放置于相应位置（如图5-3），将飞行、过夜箱等锁好，女乘务员将平底鞋换成高跟鞋。

5.2.2 机组协同

机组协同的目的是促进机组成员间的沟通，提高机组成员间的团队精神，保证飞行安全。机组协同原则上应该在航前准备会之后立即进行，如因其他原因造成无法立即与机组进行协同的，乘务组可以在进场车上或者抵达飞机后与机组进行协同，机组协同并将其结果传达给组员的时间不得晚于旅客登机之前。

主任乘务长／乘务长应主动与机长进行沟通和协调，制订空防预案，确定联络信号，了解飞行时间，天气状况包括航路上可能遇到的颠簸状况以及机组对安全和服务的要求。乘务组落实完各项准备工作之后，应向机长汇报。

图 5-3　小包放置柜

1. 机组协同时间

乘务组与飞行机组协同的时间为 5 分钟左右，如发生机组连飞等特殊情况，乘务组必须在航班旅客登机前完成和飞行机组的协同准备，协同时间应不少于 5 分钟。

2. 机组协同内容

乘务组和飞行机组必须使用沟通顺畅的语言（中文或英文）进行沟通。在进入航前协同阶段时，乘务长须携带"机组乘务组航前协同单"并带领全体组员一起参与，以协同单中列明的内容和顺序与机组进行协同。

（1）飞行通报　确认飞行任务和信息，确认机组成员，含加机组名单、其他随机工作人员等。

（2）驾驶舱与客舱联络方法　强调空中驾驶舱门开启原则。

（3）机组广播与通信　协调起前机长广播的时间。在飞行期间，客舱乘务长（员）应使用机上内话与机组保持通信。当条件不允许时，机组可使用关断"系好安全带"灯再打开的方式替代如飞行关键阶段、起飞或着陆的通知。若客舱与驾驶舱的内话系统出现故障，主任乘务长／乘务长必须通知机长，并制订另一种通信联络的途径。如果是某一站位与驾驶舱内话系统故障，应使用就近有效的内话系统进行联系，或是联系机组将情况说明。其他情况下则通过人工方式传递信息。主任乘务长／乘务长负责将新的联络方式通知所有客舱乘务员。

（4）颠簸处置　通报航路上颠簸预报和强度，明确颠簸时的信号。

（5）滑行时间　确认是否可能有短距离滑行起飞情况，乘务组预先了解此情况，有利于乘务组安排好飞机起飞前的各项客舱准备工作。

（6）起飞前通报　协调起飞前和落地前客舱向驾驶舱报告客舱准备完毕的方法。

（7）指挥权接替　明确出现机组失能后机组指挥权的接替顺序。乘务组指挥权接替顺序由乘务长根据组员的实力决定，且需在准备会时明确告知全体组员，并在协同时通报全体机组成员。

（8）反劫机预案　协调明确反劫机预案。空中保卫人员通报所飞航线当前的空防级别和应配备空中保卫人员的人数，以及发生劫机时使用的暗号等。

5.2.3 飞行前客舱设备检查

客舱乘务员在每次换人、换组或无机组成员看管飞机时再次登机后，根据各自的职责，检查并核实自己所属区域的应急设备和服务设备，确认其处于待用状态。

1. 机上服务设备检查

（1）娱乐系统及旅客控制组件检查

① 测试娱乐系统的视频、音频效果。

② 测试客舱照明系统、阅读灯、呼唤铃、视音频调节组件的状态。

③ 检查录像节目是否齐全。

④ 检查旅客座椅靠背是否可以正常调节。

⑤ 确保旅客桌板、脚踏板等设施状态正常。

（2）厨房设备检查

① 厨房配电板工作正常。

② 烤箱、烧水杯、烧水器等设备工作正常。

③ 厨房内备份箱及餐车位的固定装置工作正常。

④ 餐车刹车装置工作正常，储物格无变形，如刹车失灵或储物格变形，应让航食工作人员进行更换。如因其他原因未及时更换，乘务长须在乘务日志上做好记录。

⑤ 垃圾箱盖板工作正常。

⑥ 下水槽畅通。

⑦ 饮用水水质检查。

（3）卫生间设备检查

① 马桶抽水系统工作正常。

② 垃圾箱及马桶盖板工作正常。

③ 洗手池设备工作正常。

④ 检查卫生间卫生状况，如卫生间卫生用品是否齐全，包括擦手纸、卷纸、香水、洗手液、马桶垫纸、女性用品、清洁袋、固体空气清新剂等，洗手液处于拧开状态（如图5-4）。

图 5-4　检查卫生间

2. 机上应急设备检查

（1）应急设备检查项目　客舱乘务员登机后，必须按照职责分工检查核实应急设备的位置、数量，确认其处于待用状态。应急设备存放处需确认无任何异物阻挡或遮盖，检查完毕后，向主任乘务长/乘务长报告。主任乘务长/乘务长上机后必须查看"客舱故障记录本"上填写的记录。须检查的应急设备主要有：

① 急救医疗器材：急救箱、应急医疗箱、卫生防疫包、氧气瓶。

② 灭火器材：水灭火瓶、海伦灭火瓶、防烟面罩。

③ 厕所烟雾探测器/卫生间灭火装置。

④ 舱门（滑梯）、手电筒、应急定位发射器、麦克风、安全演示包、加长安全带、婴儿安全带。

⑤ 机组救生衣、备用救生衣、旅客救生衣。
⑥ 每个座椅口袋中"安全须知卡""出口座位须知卡"在位并与机型相符。
⑦ 广播/内话系统。
⑧ 防护式呼吸装置。
⑨ 若客舱应急灯连续2～3盏不亮，属于不适航。
⑩ 客舱乘务员座椅正常。
⑪ 应急撤离报警系统。
（2）各区域客舱乘务员检查核实后，报告乘务长。
（3）乘务长检查"客舱故障记录本"的内容，如有保留故障，向机长汇报。
（4）每次重新登机后，乘务组都应对应急设备进行检查。
（5）若航前发现应急设备不符合以上要求或有损坏情况，乘务长需填写"客舱故障记录本"，并向机长汇报。
（6）在执行航班过程中，乘务组应监控旅客动态，在非紧急情况下，禁止旅客私自拿取救生衣等应急设备，若发现旅客有私拿救生衣或其他应急设备的行为，应及时制止。

5.2.4 服务准备工作

1. 放置文件和单据

（1）主任乘务长/乘务长应检查现行有效的机载"客舱乘务员手册"配备情况，将其放置在CF包内，并将手册存放位置通知所有乘务员。
（2）了解旅客人数，以及有无特殊旅客。
（3）执行国际航班时，检查有无中国和外国海关、边防、检疫旅客申报单。
（4）设有小卖部的航班，对照售货检查单，检查货品是否齐全。

2. 服务车辆检查

客舱乘务员检查所有服务车辆的刹车装置，在飞行前确保刹车装置有效。如果发现故障车辆、刹车失效，贴上故障标签，通知责任部门及时更换及维修。

（1）乘务员在航班中发现小板车、餐车、餐箱、烤炉架子等机上服务设备出现故障需要维修维护时，需按要求在需要维修设备的显要位置悬挂"维修卡"，不能及时更换或维修的，在航班中不能使用。
（2）航班落地后，乘务员需与配餐公司交接说明需维修、维护的机上设备，对于小板车、餐车等直接影响客舱安全的设备需求维修，带班乘务长须填写"客舱问题反映单"。
（3）悬挂有"维修卡"的服务设备，将由维修部门进行修理。

3. 免税品检查

（1）负责销售的客舱乘务长和客舱乘务员登机后，要检查免税车铅封是否完好。
（2）检查"机上免税物品配备核销表"。
（3）检查是否有海关章、货物数量、铅封号、配装员的签名。
（4）签收程序。
① 免税品销售车配上飞机。
② 乘务员检查铅封完好、铅封号正确或锁完好。
③ 核对车内物品。

④ 与免税品公司相关人员签收。

4．服务用品和供应品检查

① 检查服务用品和供应品（如图 5-5）的种类、数量、质量。配餐航班检查餐食、饮料的种类，餐食内容、数量、质量，有无特殊餐食和食品，保证餐食新鲜卫生。

图 5-5　机上供应品

② 将需要冰镇的酒类、食品、饮料放入冷藏柜内。

③ 厨房客舱乘务员要核对配餐单据上的餐车、备份箱的铅封号和实际是否相符（如图 5-6）。如发现未铅封或者铅封遭受干扰，客舱乘务员应先报告乘务长，并与空中保卫人员共同检查餐车、备份箱，防止夹带危及飞行安全的物品。

图 5-6　检查机上食品

④ 认真检查书报、杂志配备数量，同时摆放整齐，供旅客登机后阅读。

⑤ 对于头等舱或公务舱，乘务员还应准备热毛巾和各种饮料。

全部准备工作需在旅客登机前完成，客舱乘务员各项准备工作就绪后，将准备情况报告给乘务长。

5.2.5 清舱工作

当所有的清洁、供餐和飞机维护人员离机后，在旅客登机前，客舱乘务员协助空中保卫人员对自己所负责的客舱范围进行清舱检查，并完成以下工作。

① 为方便旅客摆放行李，在登机前，乘务员将行李架打开。

② 确认飞机廊桥、客梯车处于安全状态，客梯车扶手拉到位，廊桥、客梯车的高度适当，冬季没有覆盖冰、雪、霜，必要时要求地面人员进行处理。

③ 带班乘务长还要确认厨房设备完好，食品、供应品检查工作已完成，并确认文件到齐。

④ 清舱即确保所有区域无外来人、外来物。每一个航段，旅客登机前和下机后，客舱乘务员都应确认客舱内无与飞行无关的人员，任何登机人员必须出示有效的登机证件或许可登机的证明文件。客舱乘务员还应配合安全员在每一段旅客登机前对驾驶舱、厨房、卫生间、行李架、储藏柜等位置进行必要的清舱检查，逐一打开所有存储空间，确认客舱各部位无不明性质的外来物。

客舱乘务员对下列区域进行清舱检查，清舱工作完成后报告客舱经理/乘务长。

a. 厨房、客舱、卫生间、机组休息室。
b. 应急滑梯、救生筏、救生衣、氧气面罩存放处。
c. 储物间、衣帽间、行李架。
d. 客舱乘务员座位、旅客座位。
e. 书报架、储物柜。
f. 卫生间水池下及周围容器。
g. 烤箱、排水阀、烧水杯、烧水箱及餐车存放处。

清舱工作完成后，乘务长报告机长，经机长同意后方可上客，并通知地面人员客舱准备结束。客舱乘务员应再次进行仪容仪表自查、互查，调节好自身情绪，以最佳的状态迎接旅客登机。旅客上机前，乘务长应再次确认客舱灯光调至明亮，并播放登机音乐。所有准备工作到位后，请示机长是否允许旅客登机，客舱乘务员各就各位。

5.3 飞行实施阶段

飞行实施阶段是乘务工作四个阶段中唯一与旅客接触和交流的阶段，是指客舱乘务员进入客舱完成直接准备阶段的工作后到旅客下机前的过程。飞行实施阶段的工作细致烦琐，主要包括地面实施阶段、空中实施阶段、着陆前和着陆后的客舱服务与管理工作。该阶段的工作会直接影响旅客的出行体验，是保障航班客舱安全和服务质量的关键阶段。

5.3.1 地面实施阶段

1. 迎客与引导

迎客是客舱服务工作的重要阶段，客舱乘务员的形象代表着航空公司的企业形象，甚至还代表着国家的对外形象，一声亲切的问候、一个甜美的微笑、一次主动的帮助、一个细心的观察都会对后续的工作起到帮助。

（1）迎客准备

① 整理仪表着装。旅客登机前，客舱乘务员要再次检查自己的仪容仪表及着装，及时补妆，并整理着装（如图 5-7）。

图 5-7　客舱乘务员迎客

② 客舱乘务员各就各位。乘务长广播通知旅客准备登机，将客舱灯光调至最亮挡，播放登机音乐，各号位乘务员站在自己分工的区域内（如表 5-4），保持正确的站姿，面带微笑，等待旅客登机。

表 5-4　B737-800 乘务员迎客站位

号位	B737-800 带头等舱	B737-800 不带头等舱
乘务长	L1 门区内侧	L1 门区内侧
2 号乘务员	对迎客情况进行监控	对迎客情况进行监控
3 号乘务员	第 2 排 D 座	第 5 排 D 座
4 号乘务员	第 5 排 D 座	倒数第 3 排 D 座
5 号乘务员	倒数第 3 排 D 座	站在紧急出口
6 号乘务员	站在紧急出口	

（2）迎接旅客

① 统计旅客人数。

a. 准备数客。乘务长站在前登机门处迎客，将计数器放在身体前部，表情专注。

b. 开始数客。旅客登机时，乘务长根据人数按下计数器。

c. 确认核实。如果清点旅客的人数和舱单不符，乘务长应立即责成其他乘务员重新数客，避免航班延误。

② 问候旅客。

当旅客进入客舱时，乘务员面带微笑，目光亲切地注视旅客，与旅客保持适当的距离，鞠躬15度，主动与旅客问候。

③ 引导旅客入座（如图5-8）。

图5-8　乘务员主动热情地指示座位

a. 询问查看。面带微笑，主动上前，询问并查看旅客登机牌上的座位号（如图5-9）。

图5-9　乘务员询问并查看登机牌

b. 规范引导。五指并拢，侧身指引旅客向其座位方向行进。

c. 引位确认。旅客到达座位，乘务员主动热情地指示座位。

④ 协助旅客摆放行李。

a. 协助摆放。协助旅客将其行李摆放至行李箱，确保行李稳妥。

b. 确认告知。告知旅客行李不能叠放，有紧急设备的行李架内不能放置行李。

c. 安全提醒。提醒旅客看护好自己的行李，自行保管贵重、易碎物品。

d. 确认检查。检查旅客携带的占座行李是否固定。

e. 调整固定。将放置在座位下面的行李固定在不超出行李档杆限制或影响旅客进出的位置，伞式折叠婴儿车挂在封闭式衣帽间内。

⑤ 疏通过道。

a. 引导疏通。面带微笑地主动疏通拥挤于客舱通道内的旅客。

b. 安置行李。疏通放于客舱通道内的行李。

(3) 迎客与引导的要点

① 播放登机音乐，调节灯光（将窗灯和顶灯设为 BRIGHT 挡），灯光调节要及时、准确。

② 确认机上无地面工作人员，确认旅客登机时客舱乘务员的站位。各号位客舱乘务员在迎接旅客登机时，要注意观察本区域的旅客，对于通道内的特殊旅客，客舱乘务员之间要相互沟通与通报。

③ 客舱乘务员的仪容仪表应符合客舱乘务员专业化形象的标准。站立时，应姿态端正，面带微笑；迎客时，禁止将手搭在旅客座椅靠背上，禁止在旅客面前整理个人仪容仪表。

④ 为确保飞机起飞前的配载平衡，乘务员应引导旅客对号入座，主动搀扶特殊旅客，及时疏通过道，尽量为座位不在一起的旅客的朋友或家人调换座位。

⑤ 主动为旅客寻找座位，尽快将客舱的过道疏通，并委婉地提醒旅客找到座位后将过道让开，以便后面的旅客通过，节省登机时间。

⑥ 紧急出口的旅客入座后，客舱乘务员要第一时间为其介绍紧急出口座位的注意事项和旅客应履行的责任和义务，请旅客全程协助监控紧急出口区域，防止其他旅客打开应急出口，并监控紧急出口不能就座特殊旅客。

⑦ 头等舱旅客登机后，主动帮助其提拿行李，引导其入座，应根据地面提供的旅客名单使用姓氏服务，帮助头等舱旅客保管衣物。

⑧ 手提行李不得放在过道、出口及没有固定装置的隔间。如果手提行李较大，报告机长通知地面工作人员办理托运手续，并提醒旅客取出贵重物品。

⑨ 等待部分乘客登机的时候，客舱中要始终有人巡视。

⑩ 乘务长应组织乘务员进行机上人数的清点，责任人为乘务长和区域乘务长，确保登机口清点的旅客数量、舱单显示的旅客数量与机上清点的旅客数量三方是一致的。做好各项准备工作，确保飞机准时起飞。

(4) 迎客与引导时的服务用语

① 乘务员应面带微笑，并注意以柔和的眼神及标准的身体姿态，主动向登机旅客点头问好。

a. 早上（中午、下午、晚上）好！

b. 您好，欢迎登机！

c. 您好，请往里走。

② 乘务员应热情主动地向可能需要帮助的旅客提供协助。

a. 我能看一下您的登机牌吗？

b. 您的座位在……，请坐。

c. 这里是第××排，A、F座是靠窗的座位，C、D座是靠过道的座位。

d. 我帮您拿行李吧！

e. 我带您到座位上好吗？请跟我来。

f. 这位旅客的座位是××排，麻烦你带她过去（前后舱乘务员在进行服务交接时）。

③ 乘务员主动引导旅客尽快找到座位，安放好行李，并保持客舱通道的畅通。

a. 麻烦您站到座位里面，把通道让出来好吗？

b. 麻烦您把行李转个方向好吗？这样行李架还能放下一件行李。

c. 您的这件行李超大、超宽了，行李架上确实放不下，而且不安全。地面工作人员可以在舱门口为您办理行李托运手续，您下飞机后可以在行李领取处领取。我协助您把行李拿到前登机门，好吗？

2. 翼上出口介绍

翼上出口旅客入座后，客舱乘务员应第一时间为其介绍翼上出口座位的注意事项和旅客应履行的责任和义务，请旅客全程协助监控翼上出口区域，防止其他旅客打开应急出口，并监控翼上出口不能就座特殊旅客。

（1）翼上出口介绍原则

① 确认出口旅客是否符合安全规定，对于不符合出口规定的旅客，应及时为其调换座位。

② 如紧急出口无人就座，应在确认旅客登机完毕后第一时间请旅客就座于紧急出口位置，每个出口至少保证一名旅客就座。

③ 紧急出口介绍，同时为旅客介绍，但需要逐一确认"是否完全理解、是否愿意坐在这个位置"。

④ 对加机组的人员一视同仁，为其主动安排行李，并介绍翼上出口。

⑤ 当出口座位确认后，为坐在出口座位的旅客介绍出口的使用方法及紧急情况下其应该履行的职责，并确认在紧急情况发生时其能否履行职责。

⑥ 向出口旅客介绍翼上出口注意事项，介绍时语言清晰明确，语速不能过快，吐字清晰。

⑦ 介绍完毕后，向乘务长报告翼上出口的介绍情况。

（2）紧急出口介绍参考标准语言

① 先生／女士，您就座的是出口座位，请您阅读一下这份"出口座位安全须知"，谢谢！（如图 5-10）

② 这是紧急出口，在紧急情况下才可以打开，其他

图 5-10　翼上出口安全须知卡

时候请不要随意拉动紧急出口手柄（如图 5-11）。

图 5-11　客舱乘务员向旅客介绍翼上出口

【知识卡片】

紧急出口介绍

先生（女士），您好！

我是本次航班的乘务员，由于您坐的是紧急出口的位置，现在由我来为您介绍紧急出口的相关注意事项，好吗？

这个红色的手柄是紧急出口的操作手柄，在正常情况下，请您不要随意扳动，同时也帮助我们监督其他旅客不要随意扳动这个手柄。在紧急情况下，请您作为我们的援助者，听从乘务员的指挥，帮助我们打开这个出口，并协助其他旅客迅速撤离飞机。您的小桌板在座椅扶手里面，当您使用完之后请及时收回，以确保出口通道的畅通。您的座椅靠背是不能调节的，前排座椅下方不能放置任何行李物品。这是紧急出口的安全须知卡，请您在飞机起飞前仔细阅读。如果您认为您不能履行安全须知卡上的相关职责，或不愿意坐在这个位置，可以提出，我们一定会及时为您调换座位。请问我说的您都听明白了吗？您愿意坐在这个位置上吗？稍后，我们将播放安全演示的录像／做安全演示，请您认真观看，谢谢！

【案例资料】

误放的应急滑梯

2018 年 4 月 28 日，一架由三亚飞往绵阳的客机在南郊机场安全降落后，舱内乘客依次排队而下，突然，应急出口打开，求生所使用的旋滑梯弹出，这是怎么回事？原来是飞机上一名男旅客擅自打开了紧急出口，致使应急滑梯被释放。

航班机组随后报警，绵阳市公安局南郊机场分局介入调查，该男子称，感觉飞机舱内有点热，便顺手打开了飞机左侧应急舱门，导致飞机悬梯滑出受损。如果打开应急门的话，一般按以下法律法规处理：《中华人民共和国治安管理处罚法》第二十三条、第三十四条，《中华人民共和国民用航空法》《中华人民共和国刑法》。之后，男子陈某因涉嫌擅自移动使用中的航空设施，被处以行政拘留 15 日的处罚。同时，航空公司也将追究该旅客对滑梯的费用进行赔偿。

（摘自：新浪网）

3. 舱门关闭

待旅客登机完毕后，客舱乘务员广播欢迎词及防止登错机广播。

（1）关舱门前乘务长确认

地面服务员通知旅客已全部登机后，乘务长关闭舱门前需确认以下事项。

① 机组人员到齐，完成飞行组与乘务组之间、乘务组内部的信息传递。

② 机供品及餐食到齐。

③ 所有行李已经存放在规定的区域。

④ 翼上出口位置的旅客符合要求，无特殊旅客就座。

⑤ 各种随机文件已齐备。

⑥ 执行地勤人员下机广播，机上无外来人员、物品。

各区域客舱乘务员应自行确认有无外来人员，并提醒在各自区域逗留的地勤人员及时离场，并向客舱乘务长汇报。

⑦ 乘务长报告机长旅客人数、加机组人数、所有文件到齐，请示机长关门，得到允许后方可关门。关门前，确认门上的舱门警示带收好。

根据当地机场的要求，待廊桥或客梯车处于适于飞机关门的状态时，如客梯车已远离机体，乘务长可将机舱门关闭。

（2）关舱门后滑梯预位操作

关闭登机门后，由乘务长广播所有舱门滑梯预位口令，客舱乘务员按照指令操作，交叉检查并通过内话报告乘务长。

① 滑梯预位操作程序及互检标准

a. 乘务长下达操作滑梯预位口令："各号位乘务员请将滑梯预位并做交叉检查。"（如图5-12）各门区负责人应停止一切工作，立即回到自己的门区操作滑梯。

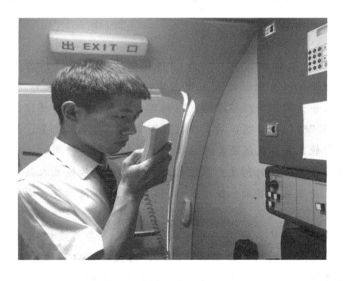

图 5-12　乘务长下达操作滑梯预位口令

b. 各号位乘务员进行舱门滑梯预位操作：先将红带子斜扣，再将滑梯杆存放在地板支架内（如图5-13）。

c. 负责操作舱门的乘务员应正确操作滑梯预位，同时进行滑梯预位操作并进行交叉检查。操作时,要做到"三到":口到、手到、眼到。区域乘务长向乘务长回复口令:"××门预位完毕。"

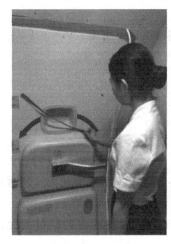

图 5-13　滑梯预位操作

② 重新打开舱门程序

如果需要重新打开舱门,按下列步骤实施。

a. 乘务长报告机长,征得机长同意。

b. 通知所有客舱乘务员解除滑梯预位,交叉检查,并报告乘务长。

c. 开舱门,打开舱门时,必须由 1 人操作,同时 1 人监控。

d. 舱门重新关闭后,乘务长要立即广播通知客舱乘务员对所有舱门重新进行滑梯预位操作并做交叉检查,交叉检查后,报告乘务长。

e. 乘务长报告机长。

【知识卡片】

客舱乘务员、旅客都有责任"守护"舱门

在航空公司的内部规程及民航的有关规定中,客舱乘务员在操作滑梯预位及解除预位时,要求严格按照乘务长的指令操作滑梯,同时客舱乘务员执行滑梯预位操作还有一套简易的操作口令制度,即"听、看、想、动、查、说"制度。为保证安全,禁止在乘务长未下达指令时操作滑梯,客舱乘务员之间还要严格执行交叉检查制度。同时,要求严格执行滑梯在预位情况下有客舱乘务员监控的制度。在飞行服务过程中,后舱无人监控时,要求客舱乘务员及时拉下隔离帘,并在隔离帘上悬挂"工作间谢绝入内"提示牌,避免旅客误入服务舱触碰舱门。

为防止意外释放滑梯事件,航空公司特别强调客舱乘务员要增强抗风险、抗干扰的能力,严格按章操作。要求客舱乘务员在第一时间,向坐在出口座位的旅客介绍出口座位须知,以免旅客意外释放滑梯。旅客在航空运输过程中,也有维护航空运输安全的义务和责任。尤其是坐在出口座位的旅客,作为紧急情况下的援助者,应该协助乘务员监控舱门状况,有任何异常情况或者有人企图触动舱门手柄,都应该及时制止,并报告客舱乘务员进行后续处理,避免因为旅客好奇等原因导致滑梯误放。

(摘自:东方网)

4. 安全演示

在飞机舱门关闭之后，客舱乘务员应进行安全演示，向旅客介绍救生设备的使用方法，有视频系统的机型播放"安全须知"录像；无视频系统的机型，乘务员须进行人工安全演示（如图5-14）。因此，客舱乘务员对安全演示的内容和标准动作必须了如指掌。安全演示的内容包括救生衣、氧气面罩、安全带、安全撤离指示路线、脱出口位置、安全须知卡。由乘务长通过广播器广播，客舱乘务员站在规定的位置，按照安全演示的内容逐项演示。

图5-14 安全演示

① 客舱乘务员在出客舱进行安全演示前，应在服务间整理好演示用品，每人手持一个安全演示包，拉开拉链后，步入客舱进行演示。

② 演示乘务员应面带微笑，表情自然，站位及时，动作准确、整齐。演示动作要与广播相符合，整齐划一。

③ 通常客舱乘务员分别站位于头等舱第一排、普通舱第一排、翼上出口第一排。

④ 安全演示结束后，客舱乘务员统一蹲下，将氧气面罩、安全带装入演示包内，右手拎拿安全演示用具包、左手拿着安全须知卡，整组统一起立，向右后转身180度，回到前服务间。

安全演示广播词参见附录2。

5. 客舱安全检查

客舱安全检查是贯穿在整个航程中的一项安全工作，客舱乘务员必须逐排对旅客和厨房设备进行检查。起飞前客舱安全检查在安全演示之后进行。在检查过程中，客舱乘务员应当保持大方、优雅的举止。

（1）起飞前客舱安全检查总要求

① 客舱内安检要从上至下、从左到右、从里到外，逐一检查，依次进行。按行李架→座椅靠背→遮光板→小桌板→脚踏板（头等舱座椅）→安全带→客舱通道顺序，先安检L侧，然后安检R侧，做到不漏检。

② 客舱乘务员必须独立完成客舱安全检查程序，不能与其他工作交叉进行。

（2）起飞前客舱安全检查项目

① 确认每位旅客系好安全带（如图 5-15），包含空座位上的安全带，主动为带婴儿的旅客介绍婴儿安全带。

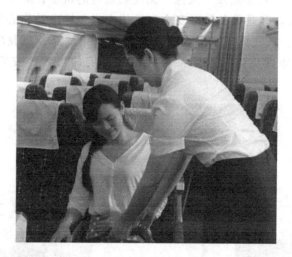

图 5-15　客舱乘务员帮助旅客系好安全带

② 提醒旅客调直座椅靠背，且座椅靠背上禁止挂放衣物、手提包等物品，收起脚垫。

③ 提醒旅客收起小桌板并扣好。

④ 所有门帘拉开、扣好（如图 5-16）。

⑤ 打开遮光板。

⑥ 扣紧行李架（如图 5-17）。

图 5-16　客舱乘务员拉开门帘并扣好

图 5-17　客舱乘务员检查行李架

⑦ 提醒所有旅客关闭手机、电脑等电子设备。

⑧ 提醒旅客紧急出口、走廊过道不能放置任何行李，确认所有通道、出口畅通，无阻碍物。

⑨ 收起洗手液，盖好马桶盖，确认卫生间卫生状况良好，且将卷纸、抽纸折成三角后，锁闭卫生间（如图 5-18）。

⑩ 固定好厨房设备，锁闭储物格，并关闭所有厨房电器电源（如图 5-19）。

图 5-18　客舱乘务员锁闭卫生间门　　图 5-19　客舱乘务员锁闭储物格

⑪ 客舱乘务员回座位坐好，系好安全带。
⑫ 乘务长进行复查。
⑬ 调暗客舱灯光。

(3) 参考服务用语
① 请收起小桌板，调直座椅靠背，请系好安全带。
② （靠窗的旅客）请打开遮光板。
③ 请确认您的手机电源已经关闭。

【知识卡片】

飞机起飞和降落时为什么要打开遮光板？

有数据显示，一次飞行最容易出事的阶段是在起飞与降落时，此时打开遮光板就是想借助机上数百位旅客的眼睛帮忙观察有没有情况，是否会影响降落，例如引擎起火、机轮脱落等；打开遮光板，可以有助于旅客的眼睛适应外面的光线，同时，旅客能观察到飞机外部的情况，若飞机出现起火等异常现象，大家可以通过观察，避开火源和浓烟，决定正确的逃生路线，利于紧急逃生，同时让机外的救援人员通过两侧的窗户观察内部状况，便于舱外人员营救。

6. 起飞前准备

(1) 调暗客舱、厨房灯光

① 客舱灯光　顶灯调至 DIM 位（夜航时调至 NIGHT 位），窗灯关闭至 OFF 位，服务间内关闭所有的灯光，保留 WORK 灯。

② 厨房灯光　打开洗手槽上方的工作灯，关闭厨房其余的灯。

(2) 自我检查　客舱安全检查完毕，客舱乘务员坐在规定的座位上，系好安全带，包含肩带，两手放在座位两侧，或双手相握放在腿上，两腿并拢平放（如图 5-20）。

(3) 静默 30 秒　客舱乘务员各自按规定就座之后，应考虑紧急情况的预案，包括防冲击姿势、判断情况、相互协作、组织撤离口令、脱离程序及方法等。

(4) 再次确认安全带广播　在客舱乘务员完成客舱安全检查程序后，乘务长从第一排进

图 5-20 客舱乘务员就座

行客舱安全检查复检,复检至最后一排,乘务长广播:"飞机即将起飞,乘务员请就座。"乘务长再由后舱至前舱进行复检,确认组员均已就座,进行起飞前再次确认广播。

5.3.2 空中实施阶段

客舱乘务员于起飞后 5 分钟进行起飞后安全提示广播,需要根据起飞时间推算落地时间并进行预报。等安全带信号灯熄灭之后,拉上服务间和头等舱/经济舱之间的隔帘。打开锁闭的卫生间,并检查洗手液等是否摆放整齐。打开厨房电源,感受客舱的温度,温度不合适时,及时通知驾驶舱调整客舱温度。接下来,客舱乘务员开始在服务间进行准备,主要是头等舱、经济舱的餐饮准备,女乘务员统一穿戴围裙,准备提供餐饮服务。

1. 饮料服务

饮料服务是客舱服务程序的内容之一。在提供饮料时,客舱乘务员应按照要求和流程进行服务,必须使用礼貌敬语,注意推拉饮料车的动作、递送饮料时的标准手势及沟通技巧。回收使用过的饮料杯时,运用服务规范和技巧,更好地为旅客服务。

(1) 机上饮料服务 机上饮料可分为咖啡、茶水、果汁、碳酸饮料、矿泉水等。对于不同航线或不同航空公司,饮料种类会有所不同。经济舱饮品至少为 5 种以上。

① 咖啡服务 普通航线一般提供三合一速溶咖啡(如图 5-21)。乘务员在检查咖啡质量时,要检查咖啡包装袋上的生产日期和保质期,不能使用过期的咖啡。此外,观察咖啡是否结块、变色,避免使用变质的咖啡。为保证咖啡的口感和香味,应在使用时冲泡咖啡。

一袋三合一咖啡冲泡一壶,冲泡前先用少量开水将咖啡完全溶解,然后注入 2/3 壶热水,最后再兑入 1/3 壶矿泉水。

② 茶水服务 普通航线头等舱一般提供绿茶、红茶、普洱茶,普通舱一般提供茉莉花茶(如图 5-22)。检查茶叶时,要先看其生产日期和保质期,确认没有过期。在冲泡时,将三袋茶包放入壶中,加入约 2/3 壶热水,然后再兑入 1/3 壶矿泉水,三袋茶包可以冲泡两壶茶水。

图 5-21　飞机上提供的三合一速溶咖啡

图 5-22　飞机上提供的茶包

③ 果汁服务　飞机上常配的果汁种类有橙汁（如图 5-23）、椰子汁、杧果汁、菠萝汁、苹果汁等。在开启之前，在身体前方轻轻均匀摇晃，防止有沉淀，提供前应询问旅客是否加冰，倒至杯子的七成处，开过的果汁不宜存放时间过长，防止变质。

④ 碳酸饮料服务　飞机上提供的碳酸饮料有百事可乐、可口可乐、雪碧、七喜、芬达、美年达等（如图 5-24）。打开前不要摇晃，开启前借助小毛巾，防止冒出的液体外溢，倒入杯子时要倾斜 45°，安全倒入，不要过早打开，避免影响口感。对于婴幼儿、神经衰弱者，不主动提供碳酸饮料。

图 5-23　飞机上提供的果汁

图 5-24　飞机上提供的碳酸饮料

⑤ 矿泉水服务　飞机上提供的矿泉水一般分为有气和无气两种，普通舱提供的为无气矿泉水（如图 5-25）。冰镇的矿泉水口感较佳，如旅客无要求，不主动加冰。

⑥ 啤酒服务　飞机上提供的啤酒（如图 5-26）应冷藏后再提供，机上啤酒容易起沫，可先在厨房内倒一些，开启时应借助小毛巾，倒酒时将杯子倾斜 45°，酒液沿着杯壁倒入杯中至啤酒花齐杯口，倒入杯中后应连啤酒听一同送给旅客。

（2）机上饮料服务流程和规范

① 饮料车上部摆放标准（如图 5-27）。

a. 摆放应遵循从中部到两端，由高到低的原则。

图 5-25　飞机上提供的矿泉水

图 5-26　飞机上提供的啤酒

图 5-27　饮料车上部摆放

b. 透明塑料抽屉，铺上防滑纸或餐巾布。

c. 两侧饮料摆放尽量对称，主标签正对旅客。

d. 加水壶放在饮料车两端，壶嘴不可对着旅客座位方向，保持壶身干净。

e. 杯子摆放高度不能超过饮料车上的最高的饮料瓶/罐的高度。

f. 乘务员各自准备至少一条叠好的小毛巾。

g. 点心餐水车不摆放酒类，视旅客要求提供服务。

② 饮料车内部摆放标准（如图 5-28）。

a. 湿纸巾和果仁（如配备）摆放在铺好餐巾布或防滑纸的大托盘上。

b. 温热的小毛巾摆放在铺好餐巾布或防滑纸的小托盘上。

c. 冰桶放在铺好餐巾布或防滑纸的大托盘上，摆放在饮料车内的上层，配冰勺。

不同的航线，对于饮料车的布置有所不同（如图 5-29）。

③ 推拉饮料车。

a. 双手五指并拢扶在饮料车两侧，两臂不得撑在车上（如图 5-30）。

b. 推动饮料车前进，掌握好方向，速度适宜（如图 5-31）。

c. 提醒旅客注意安全。

图 5-28　饮料车内部摆放

图 5-29　不同航线的饮料车摆放

图 5-30　推车　　　　　　　　　　　　图 5-31　拉车

④ 询问旅客。

a. 以 45 度角面向旅客，身体略向前倾。

b. 面带微笑，目光注视旅客。

c. 参考服务语言："先生/女士，您好，我们今天为您准备了茶水、咖啡、橙汁、可乐、雪碧……请问您喜欢哪一种？""请问需要加冰吗？"

⑤ 拿取饮料及相关物品。

a. 从饮料车上拿取水杯，左手端水杯，握住杯子的下三分之一（如图 5-32、图 5-33），右手握住咖啡壶、茶壶的把手或饮料、果汁的瓶身。

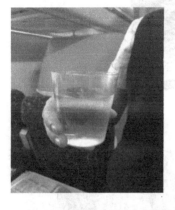  

图 5-32　水杯的正确拿法　　　　　　图 5-33　水杯的错误拿法

b. 后退半步，上身略向前倾，夹紧手臂，壶嘴、饮料朝向饮料车。

c. 开启气体饮料前，不要摇晃，借助小毛巾盖住后打开。

d. 饮料不宜加得过满，七成满为宜，防止洒在旅客身上。

图 5-34　乘务员递送饮料

f. 给小旅客倒饮料时，倒杯子的五成满，倒好后交与其监护人，尽量避免直接递给小旅客本人。

⑥ 递送饮料。

a. 对于右侧旅客，用左手递送，对于左侧旅客，用右手递送（如图 5-34）。

b. 按照从前到后、先里后外、先女后男的顺序提供饮料服务。

（3）饮料服务标准

① 确认冷热饮品符合服务温度的要求。

② 主动介绍饮料种类。

③ 餐前饮料服务在小毛巾/湿纸巾、果仁服务后送出。

④ 热饮摆车时，需注意壶口朝里，不能朝向过道，倒热饮时，需用大拇指按压壶盖，避免热饮泼洒。

⑤ 倒完饮料后，将饮料放回原位，始终保持饮料车的整洁、美观。

⑥ 避免从旅客身后或头顶上方递送饮料，提供热饮时，提醒旅客小心烫伤。

⑦ 将饮料车推回厨房后，必须踩好刹车，所有饮料盖盖好、拧紧，及时将车内垃圾清理干净。

2. 餐食服务

机上餐食的配备是由航空公司的协议配餐公司在旅客登机前装配上机的，由乘务员核对。飞行时间超过 2 小时且正值供餐时间，或飞行时间超过 3 小时，可提供正餐。飞行时间超过 1.5 小时且正值供餐时间或飞行时间超过 2 小时，可提供点心餐。

（1）供餐时间及标准

供餐时间一般如下。

① 起飞时间为 05:30—08:30 时间段的航班提供早餐。

② 起飞时间为 11:30—13:30 时间段的航班提供正餐。

③ 起飞时间为 17:30—19:30 时间段的航班提供正餐。

（2）机上餐食的种类　根据不同的用餐时间，飞机机上餐食分为早餐、点心餐、正餐、热便餐等。经济舱餐食至少有 2 种可选。

① 早餐　早餐一般根据飞行时间为旅客配备点心餐或中式早餐（如图 5-35），主要为点心和热食包子或面条的组合。

图 5-35　机上早餐

② 点心餐　点心餐一般为纸装餐盒（如图 5-36），内含水果、面包、蛋糕、冷荤等。

③ 正餐　正餐一般是指午餐和晚餐，由一个点心餐加配一个热食组成（如图 5-37）。热食一般为米饭和面食两种。

④ 热便餐　热便餐一般提供点心餐加配一个热食（米饭或面条）或仅提供热食和餐具包（如图 5-38）。

（3）机上餐食的检查

① 客舱乘务员上机后要核对配餐单据上的餐车、储物箱的铅封号，以及与实际的餐车、储物箱的铅封号是否相符合。

② 后舱乘务员负责清点普通舱餐食，前舱乘务员负责清点头等舱和机组餐食。

③ 当出现铅封遭受干扰，如铅封被破坏、铅封号和实际情况不符合等情况时，乘务员、航机员及空中保卫人员必须共同检查餐车或储物箱内有无不明物品，并检查餐盒是否有封口签，如发现下列情形之一，客舱乘务员应报告乘务长，并要求航机员对所配物品进行更换。

图 5-36 机上点心餐

图 5-37 机上正餐

图 5-38 机上热便餐

a. 不明物品;

b. 餐盒无封口签或者封口签遭受干扰;

c. 餐食为托盘餐；

d. 餐食超过保质期。

（4）机上餐食加热　飞机上所提供的食品，是航空公司提前 24 小时制作完成，第二天为所有出港航班配送的。客舱乘务员的任务是利用飞机上的烤箱将冷藏食品加热烘烤，送给机上旅客。

① 加热要求　飞行时间为 2.5 小时以上的航班不得在地面加热餐食，飞机平飞"系好安全带"信号灯熄灭后才可以烤餐。飞行时间为 2.5 小时以下的航班可以在地面加热餐食，但是在地面加热时，只能加热面向机尾方向烤箱内的餐食，待飞机平飞之后，再加热面向机头方向烤箱内的餐食。

② 加热时间与温度　不同类型的食物机上烤箱加热时间与温度参考，见表 5-5。

表 5-5　机上烤箱加热时间与温度

项目	温度	时间
含肉类的餐食	中挡 180℃	20 分钟
素食	中挡 180℃	12～15 分钟
面包类	中挡 150℃	3～5 分钟

（5）餐车摆放

① 餐车上铺好防滑纸。

② 车面上的餐食摆放不超过三层。

③ 将备份热食放入餐车内的餐盘中的热食盒位置或抽斗中。

④ 放置热食时，保持盒盖完全密封，锡纸盒不能挤压变形，不可有油污。

⑤ 禁止将烤箱内胆、烤箱架摆在餐车上。

⑥ 餐车上准备两条毛巾或纸巾，以便服务时使用。

⑦ 如配备袋装可烧烤的面包、杂粮时，面包篮内铺好餐巾布，面包、杂粮放置在面包篮里，将面包篮放在餐车上（如图 5-39）。

图 5-39　餐车摆放

(6) 餐食服务标准

① 提供餐食应遵循总体原则：先左后右，先里后外，先女士后男士，各舱位注意餐食服务交接，避免出现漏发、错发的现象。

② 主动向旅客介绍餐食的种类，参考服务用语：

a. "先生/女士，您好，我们今天为您准备了牛肉米饭、鸡肉面条……请问您喜欢哪一种？"

b. "热食小心烫手。"

③ 餐食服务过程中，不能从旅客头顶上方递送餐食，旁边的旅客协助递送时，需及时向旅客致谢（如图5-40）。

④ 主动协助旅客放下小桌板，再为旅客递送餐食。

⑤ 中后舱做好交接工作，避免漏发。

⑥ 旅客预订的特殊餐食应在餐饮服务前提供。

⑦ 委婉提醒前排旅客调直座椅靠背，以方便后排旅客用餐。

⑧ 为特殊旅客，如老人、盲人等行动不便的旅客提供餐食服务时，要征求旅客意见后，为其打开刀叉包。

⑨ 对于休息的旅客，不宜打扰，做好记录，为休息的旅客贴休息卡（如图5-41），注意要粘贴于前排座位套上或前排壁板上，不允许将休息卡粘贴于标有客舱安全设备提示的标识上。旅客醒来后，客舱乘务员应及时提供餐食服务，并确保热食的温度，同时撕下休息卡。

⑩ 为旅客单独供应食品时，用小托盘递送，小托盘放置不下时，可用大托盘递送。

⑪ 客舱乘务员（女性）在客舱中推出餐车进行餐饮服务时，必须穿戴围裙。

图5-40 客舱乘务员发放餐食

图5-41 休息卡

(7) 机上特殊餐食　机上特殊餐食是为尊重信仰宗教和因健康关系需要特别照顾的旅客而提供的。在提供特殊餐食时，客舱乘务员必须严格遵守使用特殊餐食旅客的饮食习惯，不能违背旅客的宗教信仰及健康状况的要求，更不能说出忌讳语言，应做到精细、准确、周到。

① 机上特殊餐食种类　常见机上特殊餐食种类及代码，见表5-6。

表5-6　机上特殊餐食种类及代码

序号	餐食代码	餐食种类	序号	餐食代码	餐食种类
1	BBML	婴儿餐	8	NLML	低乳糖餐
2	CHML	儿童餐	9	GFML	无麸质餐
3	BLML	清淡餐	10	FPML	水果餐
4	DBML	糖尿病餐	11	VGML	西式素食
5	LCML	低热能餐	12	VLML	西式蛋奶素餐
6	LFML	低脂低胆固醇餐	13	SFML	海鲜餐
7	LSML	低盐餐			

② 机上特殊餐食的预订条件

a. 必须在航班起飞前至少24小时（含）预订；

b. 特殊餐食订餐服务仅限正餐、点心餐、轻正餐，且每位旅客在一个航段上只能申请一人份特殊餐食，第二份是婴儿餐除外；

③ 特殊餐食发放流程

a. 确认餐食配备情况和旅客座位，如没有及时确认，应该在平飞后第一时间确认。

b. 确认旅客姓名、座位号及特殊餐食种类。

c. 特殊餐食应该优先于其他旅客的餐食送出。

④ 提供特殊餐食注意事项

a. 客舱乘务员收到特殊餐单后，应及时与旅客确认。

b. 特殊餐食须优先于普通餐食发放。

3. 电子娱乐服务

机上电子娱乐服务是客舱服务的一项内容，关于机上娱乐服务产品的内容，各个航空公司略有不同。运用机上电子娱乐设备进行服务，是为了缓解旅客的乘机疲劳或恐惧感。机上娱乐节目播放是由乘务长或乘务长指派的乘务员根据飞行时间、航线进行设备操作，适时放映，只播放音乐、录像节目。在为旅客播放音乐及影音节目时，应注意音量的调节应由小至大，在操作之前要将音量调到最小处，等音乐或娱乐系统开始播放后，再将音量逐渐地调整到适中，以不影响两人间的交谈为宜，关闭时音量由大渐小，关闭音乐及录像时，要注意保持音乐、节目的完整性。

（1）播放机上音乐　旅客在登机、用餐、下机时播放的音乐，以民族音乐和轻音乐为主。

① 操作开关　乘务员打开前控制面板上的音频开关。

② 按键选择　乘务员按下选择频道键。

③ 按键播放　指示灯亮，乘务员按键播放。

（2）播放预录广播　预录广播是航空公司事先录制的为旅客服务的中外文语言广播。

① 操作开关　乘务员打开前控制面板上的开关。

② 输入编码　乘务员根据需要，确认"预录广播编码单"后，输入所需编码。

③ 按键播放　指示灯亮，乘务员按键播放。

（3）机上影音节目播放　客舱乘务员按照"机上录像节目单"安排录像节目的播放，视航线长短、是否来回程选择播放节目，中转联程和同机中转航班的节目应做到不重复，保持节目的多样性和可视性，短航线不播放电影，可选择空中博览、娱乐片等综艺类节目。旅客登机时，可播放指定的录像节目，关闭舱门后，停止播放。

① 操作开关　乘务员打开电源开关。
② 检测确认　乘务员检查视频系统是否工作正常。
③ 按键选择　乘务员按要求选择相应的按键。
（4）耳机服务　当机上为旅客提供电子娱乐设备服务时，应主动询问并向旅客提供耳机服务。

① 验收耳机　乘务员上机后，验收地面工作人员送上的耳机。
② 操作开关　乘务员打开前控制面板处音频系统开关。
③ 检测确认　检测旅客使用的耳机音频系统是否能正常工作。
④ 提示协助　提示旅客选择及调节座椅扶手上的音频系统，收听音乐或视频音响。

4．报刊服务

为了丰富机上娱乐服务，满足不同旅客的需求，航空公司为旅客准备了大量、多种文字的报刊。无论采取什么样的提供方式，都要求各类报刊报头露出、标题朝上、摆放整齐。

（1）报刊的提供方式

① 折叠车　分类整理，放置在折叠车上，推到廊桥处，或将报刊摆放在头等舱第一排或服务间餐车上，由登机旅客自行拿取（如图5-42）。

图 5-42　置于折叠车上的报刊

② 书报架　分类折叠，美观整齐，摆放在书报架上（如图5-43）。
③ 人工发放　报刊同类合并，由客舱乘务员送出。

（2）人工发放报刊的标准　人工发放报刊的基本原则：从前往后，先左后右，先里后外，先女后男。

① 相同的报纸叠放在一起，摆放需整齐。

图 5-43　书报架

②　客舱乘务员在提供报刊时，应左手四指并拢，掌心朝上拖住报纸的底部，拇指在里侧（如图 5-44）。

③　右手拇指和食指捏住报纸的左上角。

④　沿边缘滑至右上角，刊头在上，递给旅客。

⑤　大拇指压在报纸的外侧，其余四指在报纸的内侧。

⑥　面对旅客45°站立，面带微笑，目光柔和，身体略微前倾（如图 5-45）。

图 5-44　客舱乘务员拿报纸

图 5-45　客舱乘务员发放报纸

⑦　做好延伸服务，在征得旅客的同意下，帮助旅客打开阅读灯。

⑧　提供报纸时，参考服务用语。

a."女士/先生，今天为您准备的报纸，有《人民日报》《环球时报》《北京青年报》。请问您需要哪一种？"

b."需要我帮您打开阅读灯吗？"

5. 巡舱及细微服务

客舱巡视是客舱乘务员在工作中的一种常态，通过巡视客舱，可以及时发现问题并解决问题，可以针对旅客的不同需求，一对一地提供细微服务。许多特殊的问题就是在巡视客舱时发现和得到解决的。当客舱乘务员以优雅的气质、端庄的仪态、柔美的表情，面带微笑，步态轻盈地走进客舱时，会给旅客带来安全、祥和、舒适、美好的感受（如图 5-46）。

图 5-46　客舱乘务员巡视客舱

巡航期间，客舱乘务员应对客舱进行安全清查，如旅客物品是否存放在合理的位置，客舱内有无可疑物品，旅客是否有影响飞行安全的行为等。及时收取旅客座椅口袋内的杂物，更换清洁袋，清理座椅间及通道中的杂物。

（1）巡舱及细微服务的要求与规范

① 进行客舱巡视时，要给旅客带来美感、成熟与亲切感。

② 步伐要轻，步幅要稳，不能急促，切勿跑步。

③ 巡舱时，目光关注在左右两侧 1～5 排范围内，可微笑或点头与旅客交流。

④ 夜航飞行时，脚步更需要轻、柔、慢，不能碰撞到熟睡的旅客。

图 5-47　客舱乘务员在客舱交汇

⑤ 两名客舱乘务员在客舱里交汇时，先向对方点头示意，然后以背靠背的方式通过，手的姿态不变（如图 5-47）。

⑥ 在巡视客舱时，应多注意观察特殊旅客，对身体不适的旅客及时提供协助。

⑦ 及时为旅客打开或关闭阅读灯、通风口、遮阳板，对于正在阅读报纸的旅客，在征得旅客同意的情况下，协助旅客打开阅读灯。

⑧ 为休息的旅客提供丝绵被、毛毯。

⑨ 委婉地制止旅客进入头等舱、前厨房，避免造成不良影响。

⑩ 禁止客舱乘务员在服务间或头等舱大声喧哗。

⑪ 打扫洗手间时，需关上洗手间的门，盖上马桶盖，避免冲水的噪声打扰旅客休息。

⑫ 从客舱乘务员座椅起身时用手轻轻按压，避免座椅猛烈弹起发出声响。

⑬ 客舱乘务员应和机组确认到达时间，以免到达时间变更，影响后续工作。

⑭ 保持厨房内整洁干净，加强细微服务。

（2）起飞后的细微服务

① 开启洗手间，按要求摆放和整理洗手间用品，保持台面、地面、镜面无水渍。

② 携带备份耳机巡视客舱，主动为有需要的旅客调试耳机，介绍旅客控制组件 PCU 的功能。

③ 拉好经济舱、头等舱隔帘，动作轻缓，同时向隔帘后的旅客点头致意。拉帘动作应轻缓，忌动作过大、过猛。

④ 主动问候特殊旅客并优先关注其需求，发放儿童礼包。

⑤ 巡视客舱感受温度，建议温度为 23～25℃/73～77℉；及时发送毛毯，关注旅客需求，及时复位呼唤铃，关注旅客阅读灯的状态，开启或关闭前，应与旅客沟通。

⑥ 若滑行前未完成特殊餐确认，起飞后需第一时间向预订特殊餐的旅客进行确认。

（3）二餐前的细微服务

① 准备第二餐时，要注意控制声响，以免打扰旅客休息。

② 提前 10 分钟到位，应提前整理仪容仪表，确保口气清新，错开旅客使用洗手间高峰期。

③ 整理客舱过道及洗手间卫生。

④ 清理回收客舱杂物，整理客舱。

⑤ 毛巾服务，使用托盘或毛巾篮发放温热的湿毛巾，发放时使用毛巾夹。

（4）夜间飞行的细微服务

① 广播调暗客舱灯光，同时安排一名客舱乘务员到客舱中为阅读的旅客打开阅读灯，为休息的旅客关闭阅读灯及通风孔，提醒休息的旅客系好安全带。

② 客舱乘务员在拉帘子、走路、服务间准备工作中要做到"三轻"，即说话轻、走路轻、动作轻。

③ 保持客舱、洗手间卫生。

④ 经常巡舱，注意观察，预知旅客需要，及时提供饮料服务。

⑤ 客舱乘务员休息时不得就座旅客座位，值班期间不得看书报杂志、聊天。

⑥ 保持客舱安静，提供"零干扰"的客舱服务环境。

6．收餐服务

在为旅客提供餐饮服务之后，乘务员还需要进行回收垃圾杂物的工作。

（1）不同类型餐食的收餐要求

① 发放汉堡、小矿泉水时，可不用餐车收杂物，如有旅客需要清洁袋，需及时为旅客提供。

② 发放热便餐的航线，需要用餐车回收垃圾杂物。使用两辆餐车回收垃圾，前舱由经济舱第一排向后、后舱由经济舱最后一排往中间收杂物。餐车内应放置一个单层的垃圾袋和一个双层的垃圾袋回收热食餐盒、纸杯等杂物。

③ 发放热食餐的航线，需要用餐车回收垃圾杂物。使用一辆餐车回收垃圾，由经济舱第一排向后收取杂物，餐车内应放置两个双层的垃圾袋回收热食盒、纸杯等杂物。

（2）收餐服务规范

① 回收杂物时，餐车上备份一些清洁袋、湿毛巾和纸巾，为有需要的旅客提供，主动擦拭弄脏的壁板、旅客小桌板，并清理地面杂物。

② 回收杂物时应礼貌，征得旅客的同意后回收，动作迅速谨慎，防止洒漏。回收杂物时，对旅客主动递送杂物的举动或任何方式的帮助应立即表示感谢。

③ 如有旅客在收餐服务时提出其他的需求，要尽可能地及时满足。如果当时无法满足，为了避免遗忘，要求将旅客的需求、座位号记录，并尽快提供服务。

④ 禁止将杂物从旅客头顶上方掠过，禁止要求或命令旅客传递杂物。

⑤ 旅客丢弃在客舱通道上的杂物，包括报纸、纸巾、包装纸等，即使是非常小的牙签、碎纸屑等，都要及时清理干净。

⑥ 随时清理客舱中旅客阅读过的报纸。

a. 空中服务时，除了提供餐饮服务的阶段之外，当发现有旅客阅读过的报纸散放在客舱通道或者座椅上时，客舱乘务员需要询问周围的旅客是否还需要该报纸，当旅客不需要时，客舱乘务员要及时将其收回服务间。

b. 旅客用来垫脚的报纸无须强行收回。

c. 客舱乘务员收回报纸时，需要稍做整理，再拿回服务间。

d. 在下降期间进行安全检查时，需要将通道中和座椅上旅客阅读过的报纸进行整理。

e. 客舱乘务员要随时清理客舱通道或者旅客座椅上的杂物。

5.3.3 着陆前

在飞机落地前 35 分钟，客舱乘务员需要进行客舱准备，主要包括下降前客舱准备、下降前安全检查和下降前乘务员准备。客舱乘务员从驾驶舱获得飞机到达时间和目的地温度，同时向机组反馈落地后需求，如轮椅、氧气瓶更换、旅客转机信息等，并对驾驶舱内的杂物进行整理，放入垃圾袋中。

1. 下降前客舱准备

① 清理客舱，回收毛毯、枕头、娱乐用具等。

② 落地前 30 分钟，对客舱进行"下降前客舱准备"广播，播报预计到达时间和温度。

③ 提醒旅客增减衣物，并协助旅客整理、回收杂物，整理客舱。

④ 播放目的地风光片或音乐，短航线不播放目的地风光片或音乐。

⑤ 调亮客舱灯光，窗灯保持 MIDDLE/DIM。

⑥ 清点机供品、填写回收单等。

⑦ 如有需要，填写免税品单据、结算封存免税品。

⑧ 乘务员鞠躬致谢并进行下降广播（如图 5-48）。

所有服务程序必须在落地前 30 分钟内完成。

2. 下降前安全检查

下降前安全检查，是在飞机降落前 20 分钟，客舱乘务员进行下降广播，客舱乘务员确认旅客及各种设施符合安全规定而进行的检查。检查时，客舱乘务员应从上到下、从左到右、从里到外，逐一检查，不漏检，顺序与起飞前的安全检查一致。

① 确认每位旅客系好安全带，包含空座位上的安全带。

② 提醒旅客调直座椅靠背，收起脚垫。

③ 提醒旅客收起小桌板。

④ 所有帘子拉开扣好。

⑤ 打开遮光板。

⑥ 扣紧行李架。

图 5-48 客舱乘务员下降还礼

⑦ 提醒所有旅客关闭手机、电脑等电子设备。
⑧ 提醒旅客紧急出口、走廊过道不能放置任何行李。
⑨ 放下马桶盖盖板并锁闭卫生间。
⑩ 固定好厨房设备,并关闭厨房电器电源。
⑪ 客舱乘务员回座位坐好,系好安全带。
⑫ 乘务长进行复查。

客舱乘务员检查完毕后,客舱乘务长或经济舱负责人分别再复检确认。

3. 下降前乘务员准备

(1) 乘务员就座　各号位乘务员在飞机落地前 8 分钟完成准备工作,回到乘务员座位就座。乘务长广播:"飞机即将着陆,乘务员请就座。"落地前,再次进行确认安全带广播。乘务长由后舱至前舱进行复检,并调暗客舱灯光,关闭窗灯,将顶灯调至 DIM,服务间保留 WORK 灯。

(2) 自我检查　客舱安全检查完毕,乘务员坐在规定的座位上,系好安全带,包含肩带,两手放在座位两侧,或双手相握放在腿上,两腿并拢平放。

(3) 静默 30 秒　乘务员各自按规定就座之后,应考虑紧急情况的预案,内容包括防冲击姿势、判断情况、相互协作、组织撤离口令、脱离程序及方法等。

总之,起飞和下降前的安全检查是为了保证在发生紧急情况时,将每一位旅客的伤害降到最低的保护措施。飞机起飞后 3 分钟、落地前 8 分钟被称为"危险的 11 分钟",这个阶段是飞行关键阶段,也是很多空中浩劫出现事故的时段。因此,起飞爬升 20 分钟、下降 30 分钟、落地滑行阶段要求客人在座位上坐好,将安全带扣好、系紧,甚至建议飞行全程系好安全带,都是为了保证安全。

5.3.4 着陆后

1. 舱门开启

当发动机停车并停靠廊桥或客梯车后,乘务长下达滑梯预位解除口令并操作舱门。门区的第一责任人必须亲自操作自己负责的滑梯和舱门。

(1) 滑梯预位解除操作程序

① 乘务长下达操作滑梯预位解除口令:"各号位乘务员请将滑梯预位解除并做交叉检查。"

② 各号位乘务员进行舱门滑梯操作:将滑梯杆存放在挂钩内并扣牢,将红色警示带平扣在观察窗上。

③ 负责操作舱门的客舱乘务员应正确操作,同时进行交叉检查。操作时,要做到"三到",即口到、手到、眼到。

④ 区域乘务长向乘务长回复口令:"××门解除完毕。"

(2) 开舱门操作程序与规范

① 客舱乘务员在开启舱门时,要做到两人监控,开门一方向另一方大声地确认:"我即将开启舱门,请××号客舱乘务员帮助确认滑梯已经完全解除。"另一方确认滑梯完全解除后回答:"滑梯解除,可以开启。"

② 确认舱门外无任何障碍物后,解开阵风锁。

③ 一只手抓住舱门上的辅助手柄,另一只手抓住舱门上的开启手柄,反方向压到底,将舱门推出。

④ 当舱门与机体成 90°夹角时,松开舱门开启手柄,握住舱门一侧的辅助手柄,继续将门向外推到与飞机机身基本平行。

⑤ 按下阵风锁。

2. 送客

服务要做到有始有终,送客时,客舱乘务员的微笑、问候、神情、肢体语言等都体现了乘务员发自内心的真诚热情的道别,以及期待旅客再次乘坐本公司航班的心情。

当滑梯预位解除后,乘务长打开登机音乐,将客舱灯光调至"BRIGHT"挡。各号位乘务员站在各自的工作区域进行送客,见表 5-7,当旅客经过时,面带微笑,向旅客点头致谢。

表 5-7 B737-800 乘务员送客站位

号位	B737-800 带头等舱	B737-800 不带头等舱
乘务长	L1 门区	L1 门区
2 号乘务员	后服务间	后服务间
3 号乘务员	廊桥上	廊桥上
4 号乘务员	后服务间	站在最后一排 D 座,目送旅客下机
5 号乘务员	站在最后一排 C 座,目送旅客下机	站在最后一排 C 座,目送旅客下机
6 号乘务员	站在最后一排 D 座,目送旅客下机	

3. 航后清舱检查

清舱是航班结束后的一项重要工作,旅客下机完毕后,客航乘务员及安全员检查机上所有部位并确保机上无外来人员、外来物品及旅客遗留物品。

① 各号位乘务员负责各自所在区域的客舱清理工作，认真仔细地检查客舱、卫生间和行李架，如发现旅客遗失物品、不明物品，应及时报告。

② 对客舱中剩余的毛毯、杂志等物品进行回收，关闭阅读灯。

4．与地面交接

待旅客全部下机，并做好清舱检查后，乘务组还需做好与地面交接的工作。

（1）人员交接　乘务组与地面人员交接特殊旅客和VIP旅客。

头等/重要旅客及其随行人员下机时，客舱乘务长需亲自与地面人员做好交接工作，并向地面人员交代重要旅客的称呼、职位、随行人员数量、行李以及特殊要求，并签收"要客通知单"。

（2）机供品交接　客舱乘务员按要求填写"机供品回收单"，并与航机员交接。

① 所有单据均要求客舱乘务长亲自签名，确保字迹清楚。

② 单据必须保存齐全，填写规范。

③ 航班落地前，客舱乘务员须对回收的机供品进行清点，并填写好单据。按装机位置回收至指定餐车及机供品箱内，并用锁扣锁好，毛毯、枕头不便于装车的，须将回收来的毛毯叠好放置在行李架内，便于清理交接，清洁用品过站不回收，按需求补充，航后统一回收。

④ 客舱乘务长在航班结束后2天内将"配发回收单"等相关单据交乘务值班。

⑤ 不得利用工作之便克扣、私拿机供品以及将机供品挪作他用。

⑥ 客舱乘务长对机供品严格监控，按规定回收，避免机供品流失。

（3）旅客遗失物品交接　航班结束后，如有发现旅客遗失物品，客舱乘务长应立即收集，并送至乘务值班，与乘务值班员当面确认，并填写"机上旅客遗失物品交接单"。

① 如遇乘务值班员不在或晚落地无法交接时，由客舱乘务长暂时保管，第二天带到公司交接乘务值班处。

② "机上旅客遗失物品交接单"需填写两联，一联交乘务值班员，另一联由客舱乘务长保留至少90天。

（4）飞行文件交接

① 客舱乘务长负责交接的文件包括舱单、货单等。

② 安全员负责各航站之间传递的文件、资料、物品的交接。

5．过夜航班与过站监控

对于过夜航班，机组有责任和义务保证机上设备、机载资料以及供应品的整洁完好，乘务组应清点机供品并进行铅封。过夜前，飞行组应把资料包带下飞机，防止丢失。

在中途过站停留时，原则上过站旅客必须下机，对于特殊情况，乘务长须请示机长批准，如果乘坐该机的旅客停留在飞机上，应遵守下列规定。

① 如果保留在飞机上的飞行乘务员的数量少于该机型所要求的数量，则应当采取下列措施。

a. 保证飞机发动机关车并且至少保持打开一个地板高度出口，以供旅客下飞机。

b. 在飞机上的乘务员数量必须至少是最低配置要求数量的一半。

② 如果在过站时飞机上只有一名乘务员，则应保留在打开的出口位置。如果有多余一

名的乘务员，则必须均匀分布在客舱内，以便在紧急情况下最有效地帮助旅客撤离。

③ 过站旅客监控程序。

a. 对于过站航班，本站旅客下完后，乘务长应立即根据舱单核实过站旅客人数，并请地面人员复核、清点和交接。如果过站旅客人数与舱单上的不符，应立即报告机长和地面工作人员。

b. 过站旅客不下飞机时，乘务长应派专人对过站旅客进行监控，禁止旅客在客舱、廊桥或客梯车上吸烟。

c. 本站旅客登机前，应先向值机人员了解旅客座位分布情况，并广播通知本站旅客如何就座。

5.4 航后讲评阶段

飞机安全着陆，旅客全部下飞机后，即飞行服务结束，但是客舱乘务员的工作还未完成，机组及乘务组还需要对本次飞行任务进行总结。航后讲评作为飞行四个阶段之一，必须进行，可在最后一段航班结束前进行，也可在返程的机组车或下降前的客舱进行。客舱乘务长对航后讲评会的召开和讲评质量负责。航后讲评工作能让机组和乘务组在每次飞行结束后及时发现问题、总结经验，不断提升服务质量。

5.4.1 机组讲评

每一个组员都要对整个飞行过程中发生的事件及相关细节进行记录，以便航后共同探讨。在航班飞行结束之后，作为整个机组的核心领导者，机长应组织全体组员召开航后讲评会议，征求改进意见，认真总结经验和教训，对实际运行反映出来的问题进行及时反馈。

5.4.2 乘务组讲评

在航班飞行结束之后，乘务长应组织全体乘务员召开航后讲评会议，时间一般不少于 10 分钟。

（1）安全讲评

① 乘务长重申安全薄弱环节及总结客舱安全情况。

a. 安全检查是否到位。

b. 舱门/滑梯是否按照标准操作和检查。

c. 紧急出口的介绍、监控、汇报是否符合规定。

d. 颠簸及特殊情况的处理。

② 区域乘务长讲评后舱乘务员安全意识及后舱安全情况。

③ 安全员进行安全工作讲评。

a. 乘务员是否都按协调暗号和机组联系。

b. 客舱安全工作注意事项提醒。

c. 机上特殊事件处置总结。

④ 乘务长讲评安全员行为规范是否符合规定，是否履行了职责。

（2）服务讲评

① 乘务员自我点评。

② 区域乘务长对后舱服务工作进行点评。

③ 乘务长对航班服务质量进行点评。

a. 评价乘务员执勤表现。

b. 指出服务工作的优缺点。

c. 客舱乘务长分别对工作表现出色或不足人员进行表扬或批评，告知客舱乘务员执勤表现各栏目的得分情况。

d. 提出安全和服务方面的改进建议。

客舱乘务长应主持由全组客舱乘务员参加的工作讲评，表扬优秀事迹和案例，总结经验和教训，对于重要问题和意见，应及时向部门值班员和乘务督导反馈。

思考题

1. 为什么要进行航前准备会？航前准备会的内容主要有哪些？
2. 为什么滑梯预位与滑梯预位解除的操作顺序不一样？
3. 为什么要在起飞前进行安全演示和安全检查？
4. 简述航前安全检查的内容。
5. 为什么起飞前和降落前需要调直座椅靠背？
6. 简述翼上出口介绍原则。
7. 布置饮料车的时候，为什么要将所有饮料的标签朝向旅客？
8. 国内航线经济舱为旅客提供的冷饮和热饮有哪些？
9. 简述机上餐食的种类。
10. 如何预订特殊餐食？
11. 为什么要进行航后讲评会议？航后讲评会议的内容包含哪些？

【项目训练】

任务一：分小组，按乘务长岗位要求，根据预选准备阶段工作程序，组织召开航前准备会。

任务二：模拟客舱乘务员，按照标准程序进行飞机起飞前的客舱安全检查。

任务三：完成舱门及滑梯预位（解除）的操作程序。

任务四：模拟客舱乘务员，按照标准程序进行飞机起飞前的客舱安全演示。

任务五：分小组完成客舱安全检查。

任务六：模拟客舱乘务员，按照标准对紧急出口旅客进行资格确认。

任务七：根据 B737-800 机型的位置，模拟乘务组在迎客时应站立的位置，并完成从迎客到引导旅客入座的程序。

任务八：模拟客舱乘务员，按照标准进行起飞后的细微服务，为旅客发放报纸、耳机、毛毯，并开启卫生间，整理卫生间内的物品。

任务九：模拟客舱乘务员，按照标准进行饮料车的准备及饮料的服务。

任务十：模拟客舱乘务员，按照标准进行餐食车的准备及餐食的服务。

任务十一：模拟客舱乘务员，按照标准程序进行下降前的安全检查。

任务十二：模拟客舱乘务员，按照标准程序提供餐饮服务之后，为旅客提供细微服务，使用托盘巡视客舱，清理卫生间。

任务十三：分小组，轮流担任乘务长，按乘务长岗位要求，根据航后讲评阶段的工作程序，组织进行航后讲评会。

任务十四：某航班上，空乘人员正在发餐，当发到第5排D座时，乘务员发现这名旅客已经睡着了，为了不打扰这名旅客的休息，乘务员便没有叫醒旅客。等到旅客醒来后，发现自己没有餐食，觉得非常生气，要投诉乘务员。

分析：如果你是乘务员，该如何处理呢？

任务十五：假设你是某航空公司的一位乘务长，执行从长沙飞北京的航班，该航班于12：30起飞，你负责调节客舱中所有的灯光。

分析：在旅客登机、飞机起飞、平飞过程中，客舱内各灯光应该如何调节？

任务十六：

1. 任务描述：航班CH5103，航线：上海—北京，机型：B737-800，飞行时刻：11：25—13：55，航班为正餐航班，提供的餐食为热食加餐盒。

2. 要求：5~6名学生为一组，模拟客舱乘务员，按乘务组岗位要求，根据客舱服务程序，完成迎客、紧急出口旅客确认、起飞前安全演示、安全检查、飞行中的餐饮服务、为旅客提供细微服务、下降前安全检查。

任务十七：

1. 任务描述：航班CH5106，航线：长沙—北京，机型：B737-800，飞行时刻：12：10—14：30，航班为正餐航班，提供的餐食为托盘餐。

2. 要求：5~6名学生为一组，模拟客舱乘务员，按乘务组岗位要求，根据客舱服务程序，完成迎客、紧急出口旅客确认、起飞前安全演示、安全检查、飞行中的餐饮服务、为旅客提供细微服务、下降前安全检查。

单元 ⑥

特殊旅客服务规范与细微服务

知识目标

1. 了解各舱位细微服务的基本要求。
2. 了解民航特殊旅客的类型。
3. 掌握各类特殊旅客的运输条件。
4. 掌握各类特殊旅客的行为特点和服务要点。

技能目标

1. 能按标准为重要旅客提供细微服务。
2. 能按标准为婴儿旅客和怀抱婴儿旅客提供细微服务。
3. 能按标准为孕妇旅客提供细微服务。
4. 能按标准为儿童旅客提供细微服务。
5. 能按标准为老年旅客提供细微服务。
6. 能按标准为病残旅客提供细微服务。
7. 能按标准为晕机旅客提供细微服务。
8. 能按标准为机组提供细微服务。
9. 能运用服务技能，满足飞行工作各阶段中特殊旅客的不同需求。

6.1 各舱位细微服务要求

按照为旅客提供服务等级的不同，飞机客舱可分为头等舱（F）、公务舱（C）和经济舱（Y）三个座位等级。

6.1.1 经济舱

经济舱是旅行时座位等级较低的一个舱等。虽然座位安排得比较紧密，空间有限，但因为价格相对便宜，还是受到许多旅客的欢迎。

1. 经济舱管理

经济舱一般在飞机中后部，洗手间在后部两侧，经济舱的座位与头等舱和经济舱厨房都有门帘相隔，可在登机时通过广播提醒旅客经济舱的位置（如图 6-1）。

一般而言，最重要旅客（VVIP）、重要旅客（VIP）会选择头等舱，而 CIP 旅客大多选择经济舱的前几排，由于座位连接很近，所以要注意服务衔接，以免出现差别对待。

航班中的特殊旅客大多会选择经济舱出行，而且分布在客舱的不同座位，所以乘务员一定要核实旅客信息，若出现换座、调座等现象，一定要整组沟通到位，避免出现漏服务和错服务的情况。

2. 经济舱旅客服务

（1）检查客舱　旅客登机前，客舱乘务员应按照安全运行和客舱清洁的要求，确认客舱内没有与飞行无关的人员和物品，确保客舱环境干净、整洁。

图 6-1　经济舱

(2) 报刊服务　客舱乘务员将事先为旅客准备好的报纸，同类合并，依次摆成扇形展示，供旅客选择。报刊要及时补充，确保可选择的种类齐全。若无法满足旅客的需求，要真诚致歉并表示重视及感谢旅客的建议。

(3) 迎接旅客　迎客前，客舱乘务员应根据仪容仪表、服饰着装等要求，进行自查或互查。如发现脱妆应及时补妆，以保持整体的精神面貌与形象的端庄、典雅。客舱乘务员应在指定区域内，站姿端正，面带微笑，等候旅客登机（如图 6-2）。

图 6-2　乘务员迎接旅客登机

(4) 毛毯、枕头服务　客舱乘务员将事先叠好的毛毯，拿取多条整齐地放在臂弯，一次一条地发放给旅客，不可成堆地环抱发放。优先将毛毯、枕头提供给老人、孕妇、儿童及其他特殊旅客，当毛毯、枕头发放完毕时，通过调节温度和提供热水/冰水来满足旅客的其他需求。

(5) 餐饮服务

① 当达到巡航阶段后，将事先准备好的饮料车和餐食车推至经济舱第一排，开始发放。

② 发放饮料应该做到从前至后、从左至右、从里至外、先女后男，对于特殊旅客特别照顾即可。

③ 经济舱饮品至少为5种以上，餐食有2种可选，客舱乘务员要均匀摆放，灵活提供选择，为休息旅客预留餐食。

④ 用餐完毕后，及时收回餐盒、餐具等。

（6）巡舱服务

① 客舱乘务员应该及时打扫洗手间，做到使用一人一打扫原则，及时更换服务用品。

② 观察旅客衣物增减的情况，及时调节客舱温度，客舱温度一般保持在22～24℃。

③ 根据旅客观看娱乐视频及休息情况，及时调整娱乐视频的音量。

④ 随时关注客舱过道及空座位的卫生情况。

⑤ 根据旅客需求，及时开关阅读灯。

⑥ 通过广播，随时播报飞行状况及特殊信息。

（7）下机服务

① 到达目的地机场后，观察是否对接廊桥或客梯车，观察机外天气情况，是否烈阳或下雨，可通过广播让旅客提前做好下机准备。

② 客舱乘务员跟随最后一名旅客送客至舱门口，若发现遗失物，可及时交接给旅客，交接前需核实其真实性。

6.1.2　头等舱

头等舱是飞机上档次比较高的舱位，座位较宽敞，可以调节至仰躺，旅客可以打开前方视频播放器看视频或者听音乐，饮品的选择类别更多，食品更加精美，因此头等舱价格比经济舱和商务舱高（如图6-3）。头等舱乘务员一般服务8～16位旅客，所以头等舱旅客基本都能得到个性化的服务。

图6-3　头等舱

1. 头等舱管理

① 航空公司政策原则上禁止普通舱旅客进入头等舱、公务舱访客，头等舱旅客可进入

普通舱访客，或通过收取适当费用，可将旅客座位升级。

② 空中拉上各舱位的隔离帘，以减少低舱位的旅客进入高舱位活动，提醒旅客他们所应使用的厕所的位置，当旅客已用头等舱、公务舱厕所时，不要拒绝。

③ 因餐车可能会阻塞过道，或可能会出现健康问题，在处理病人、老人、幼儿、残疾人想用头等舱、公务舱的厕所问题时，应灵活掌握。

2．头等舱旅客服务

（1）了解头等舱旅客信息　客舱乘务员应根据地面服务人员提供的头等舱旅客名单，事先了解并记住旅客姓名、职务、座位号等信息，以便首次问候旅客时，可提供"姓氏服务"或"职务称呼"，并准确引导旅客入座，凸显服务的亲切与个性化，表达对旅客的尊敬之意。

（2）整理衣帽间　保持衣帽间清洁、无杂物，准备好挂衣架和标识牌。

（3）迎客

① 头等舱乘务员站于头等舱座位的右侧，面向机头方向迎客，引导旅客入座、安放行李。

② 根据旅客名单或登机牌上旅客姓名提示，提供姓氏尊称服务。

（4）毛巾服务

① 预先湿润毛巾，以挤压不出水为宜。

② 毛巾应放于专用毛巾篮内，预备的毛巾数须多于实际需求数，用小托盘端拿，将毛巾碟摆在旅客座椅扶手处（如图6-4）。

图6-4　头等舱小毛巾

③ 摆放时要求整齐、美观，确保毛巾不受过分挤压而变形。

④ 不同规格或种类的毛巾不能混放于同一毛巾篮内。

⑤ 旅客入座后，为其提供热毛巾，并做自我介绍，对于两位同排旅客，可一起介绍，要注意眼神的交流。

⑥ 递送毛巾时，询问旅客对饮料的需求。

⑦ 收取毛巾时，手端小托盘，直接收取毛巾碟，若旅客使用后的毛巾放置在碟外，使用毛巾夹收回毛巾至小托盘，同时将毛巾碟收回，应避免用手直接拿取旅客放在桌上的毛巾。

⑧ 托盘始终保持在通道内，收毛巾时，要观察旅客使用情况，注意语言和眼神，避免让其感觉在催促使用。

（5）饮品服务　根据航线准备迎宾酒和饮料，使用专用玻璃杯，确保杯内外清洁、完好无损（如图6-5）。

（6）悬挂衣物

① 提醒旅客衣物内有无夹带贵重物品。

② 收取旅客衣服时，注意两肩对折，捏取双肩部分，不要捏取衣领，以免衣服变形或旅客忌讳。

③ 用前臂揽过衣服，拿至衣帽间挂好，使用挂衣牌记录旅客的座位号。

④ 如有丝巾、围巾，搭挂在衣服袖筒内，不要直接挂在衣架上。

⑤ 归还旅客衣物时，应用前臂揽过衣服拿给旅客，如因旅客睡觉未及时归还，应与乘务长沟通，在下机前为旅客归还衣物。

（7）拖鞋服务

① 主动为旅客介绍拖鞋情况，并打开包装袋取出，供旅客使用（如图6-6）。

图6-5　头等舱迎宾饮料

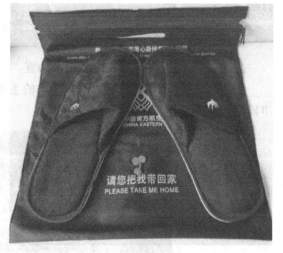

图6-6　头等舱拖鞋

② 下机前，主动提醒旅客换鞋。

③ 遇过站航班应主动沟通，拖鞋是否更换，若继续使用，要感谢旅客对环保的支持，并提醒清洁人员将拖鞋整理至旅客座椅下方，若旅客要求更换，过站期间放置新的拖鞋。

（8）毛毯服务

① 旅客就座时，首先观察旅客对毛毯的需求，如旅客表示不需要，抬手示意乘务员或放置一边，应主动收走，如旅客拿起毛毯，想要使用时，客舱乘务员应主动

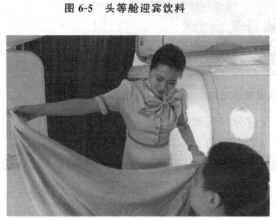

图6-7　乘务员为旅客提供毛毯服务

帮助旅客打开毛毯并盖好（如图6-7）。

② 为避免乘务员在服务过程中出现忙乱的多余动作，迎客前，乘务员可将毛毯有序折叠。

(9) 报刊服务

① 将事先为旅客准备好的报纸以扇形展示，供旅客选择。

② 观察旅客需求，如旅客的报纸已阅读完毕，及时整理，并适时提供杂志。

③ 报刊要及时补充，确保可选择的种类齐全，至少在两类以上。

④ 若无法满足旅客需求，真诚致歉并表示重视及感谢旅客的建议。

(10) 预订餐食服务

① 根据航线时长、旅客的喜好等，结合配备计划，制订供餐计划。

② 以45°倾斜角将餐谱、酒水单呈至旅客面前，向旅客介绍餐别、种类及特点；提供餐谱后，应给旅客浏览、选择的时间，不要急于推荐或让旅客做出选择（如图6-8）。

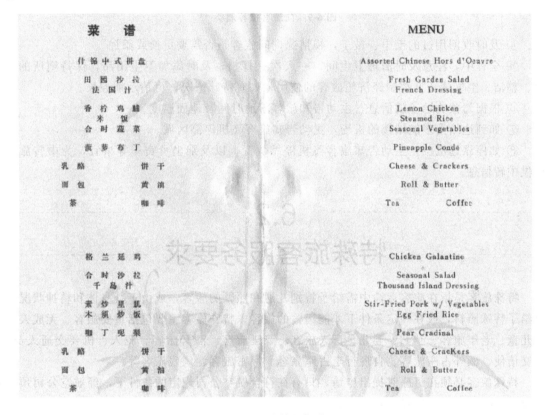

图6-8 头等舱餐谱

③ 旅客预订餐食和饮料后，将其记录在餐饮预订单上，乘务员在订餐时要根据剩余餐食种类和数量向旅客推荐（如图6-9）。

④ 向旅客提供用餐时间，引导旅客集中用餐，尽可能地避免因用餐时间不一致相互打扰，但要满足旅客的个性化需求。

⑤ 对于航程中睡觉未用餐的旅客，在下机前，头等舱乘务员应主动提供瓶装矿泉水和易携带的点心。

(11) 细微服务

① 对于需要休息的旅客，提醒其系好安全带。

② 拉好客舱与厨房间的隔帘。

③ 合理、适时地调节客舱灯光及温度。

图 6-9　向旅客推荐酒类

④ 及时收回用过的毛巾、被子，视情况询问旅客是否需要更换或添加。

⑤ 全程中，注意及时清理卫生间，一人次一打扫，及时添加卫生用品，保持厕所的干净、整洁、空气清新，控制经济舱旅客的使用，如有特殊情况，可请示乘务长。

⑥ 根据驾驶舱给予的信息，主动告知旅客落地时间及地面温度。

⑦ 如到达站为多航站楼的机场，主动告知旅客飞机停靠区域。

⑧ 如停靠远机位，主动告知旅客飞机停靠位置，以及乘坐贵宾车等事宜，为中转旅客提供中转信息。

6.2 特殊旅客服务要求

特殊旅客是指在旅客运输中需给予特别礼遇和照顾的旅客，或由于其身体和精神状况需要给予特殊照料，或在一定条件下才能运输的旅客。特殊旅客主要包括重要旅客、无成人陪伴儿童、老年旅客、孕妇、婴儿、盲人旅客、聋哑旅客、酒醉旅客、犯人、机要交通人员、外交信使、额外占座旅客、自理行李占座旅客、保密旅客、病残旅客等。

特殊旅客必须在订座时提出申请，只有在符合航空公司规定的条件下，经航空公司预先同意并在必要时做出安排后，方可接受乘机。

6.2.1　重要旅客保障与服务

重要旅客是指旅客的身份、职务重要或知名度高，乘坐航班时需给予特别礼遇和照顾的旅客。

1. 重要旅客分类

重要旅客可以分为最重要旅客和重要旅客两类。

（1）最重要旅客

① 中共中央总书记，中央政治局常委、委员、候补委员。

② 国家主席、国家副主席。

③ 国务院总理、副总理，国务委员。

④ 全国政协主席、副主席。

⑤ 中央军委主席、副主席。
⑥ 最高人民检察院检察长。
⑦ 最高人民法院院长。
⑧ 外国国家元首、政府首脑、议会议长及副议长。
⑨ 联合国秘书长。
⑩ 国家指定保密要客。

(2) 重要旅客
① 我国和外国政府部长。
② 我国和外国政府副部长和相当于这一级的党、政、军负责人。
③ 我国和外国大使。
④ 国际组织成员：包括联合国国际民航组织负责人、国际知名人士、著名议员、著名文学家、科学家和著名新闻界人士等。
⑤ 政府部长、省（自治区、直辖市）人大常委会主任、省长、自治区人民政府主席、直辖市市长和相当于这一级的党、政、军负责人。
⑥ 地方政府常委、人大代表、政协委员。
⑦ 我国和外国全国性重要群体团体负责人。
⑧ 由各部、委以上单位或我国驻外使馆、领事馆提出按重要旅客接待的旅客。
⑨ 各航空公司认可的特殊旅客。

2. 重要旅客的行为特点

① 很低调或很高调，有着自己独特的乘机习惯。
② 希望引起别人的重视。
③ 注重服务细节。
④ 对政治敏感。
⑤ 上下机都会有人在机舱门口接送。
⑥ 社会关系网广泛，与公司高层的关系密切。
⑦ 已经退休或离任的领导，更希望得到与以前同样的服务。
⑧ 其随行人员也会希望得到优于同舱位旅客的服务。

3. 重要旅客的服务要点

各航空公司对不同类型的重要旅客，划分了不同的保障等级。

重要旅客登机前，地面工作人员与乘务长进行交接，传递重要旅客信息，并请乘务长签字确认。重要旅客下机前，乘务长应与地面工作人员进行交接，确认接送车辆及随身携带物品。

① 主任乘务长/乘务长通过客舱服务终端下载重要旅客信息，了解重要旅客的职务、喜好等信息，以及有无宗教信仰、风俗习惯、饮食习惯、乘机喜好和禁忌等情况，并制订相应的服务计划。

② 主任乘务长/乘务长指定服务热情、责任心强的区域乘务长或乘务员负责对重要旅客的服务工作。

③ 根据实际情况，做好重要旅客身份的保密工作。重要旅客登机时，客舱乘务员应做到热情有礼，并协助安排、摆放行李，主任乘务长/乘务长和负责重要旅客服务的客舱乘务

员进行自我介绍。

④ 全程提供姓氏、职务尊称。

⑤ 与重要旅客的随行人员沟通，了解重要旅客对服务的特殊要求，提供个性化的服务，使其有被重视的感觉。

⑥ 保证重要旅客的私密空间不被打扰。

⑦ 在不打扰客人的前提下，主动与重要旅客沟通，在飞机下降前，征求其对服务工作的意见或建议。

⑧ 预先告知重要旅客预计到达时间、时差、地面温度及其他特殊情况。

⑨ 征求重要旅客归还衣物的时间。

⑩ 重要旅客及其随行人员享有优先下机权，客舱乘务员要提前做好其他旅客的协调工作，但要注意态度、技巧。

⑪ 重要旅客下机后，应立即仔细检查并确认重要旅客所坐座位、座椅前方口袋内和行李架内无遗留物品。

⑫ 航班结束后，将重要旅客的服务喜好、服务禁忌进行收集、整理，上传客舱服务终端。

6.2.2 金银卡和工商界重要旅客服务

1. 金银卡和工商界重要旅客定义

旅客通过乘坐飞机的航程距离或次数的累积成为航空公司银卡或金卡旅客。即通过频繁的飞行，升级为航空公司贵宾客户。金银卡和工商界重要旅客（commercially important person，CIP）是航空公司的顶级会员，包括工商业、经济和金融界重要且有影响的人士、重要的空运企业负责人等，虽然在职位上不同于重要旅客（VVIP、VIP），但他们是能够为航空公司带来巨大收益的高端旅客。因此，各个航空公司都有自己强大的CIP数据库。

2. 金银卡和CIP旅客的行为特点

金银卡和CIP旅客大多为商务旅客，对航空公司的忠诚度很高，航空公司更应关注他们的行为特点和消费需求。

① 需求具有个性化、高层次的特征。

② 希望享受区别于普通旅客的更为舒适、差异化的增值服务。

③ 需要宽松些的座位、多品种的报纸和餐食。

④ 需要安静舒适的客舱环境，如在飞机上安静地阅读或办公、闭目养神，不受干扰。

3. 金银卡和CIP旅客的服务要点

① 客舱乘务员要为他们提供更加精细、个性化的服务，在航程中营造温馨舒适的商务乘机氛围。

② 机上有金银卡、CIP旅客，带班乘务长应及时获取金银卡、CIP旅客的乘机人数和信息，接受金银卡、CIP旅客名单，并将信息通告区域乘务长和客舱乘务员，由其为本区域的金银卡、CIP旅客提供全程的姓氏服务、优先选餐、预留餐食及其他个性化服务。

③ 带班乘务长应亲自向金银卡、CIP旅客做自我介绍，了解他们对服务的感受，征求意见，收集金银卡、CIP旅客相关信息并反馈到相关部门。

④ 航班结束后，带班乘务长要将金银卡、CIP旅客信息单、重要旅客的反馈信息填写

在乘务日志上，带回有关部门。

6.2.3 婴儿旅客服务

婴儿旅客是指出生满 14 天以上，但年龄未满 2 周岁的婴儿。

根据民航局规定，足月新生儿出生不满 14 天（含 14 天）或出生不足 90 天的早产婴儿不能乘机。

1. 婴儿旅客运输条件

① 出生 14 天至 2 周岁以下的婴儿有成年旅客陪伴方可乘机，不单独占用座位。

② 婴儿必须由其陪护人抱着，或乘坐在经局方批准的在其陪护的成年人座位旁的儿童限制装置内。

③ 不允许其坐在应急出口座位。

④ 每排旅客座位只允许安排一位 2 周岁以下婴儿。

⑤ 每一航班接收婴儿的数量应少于该航班机型的总排数，并且必须确保可以为每一位婴儿提供独立的氧气装置。

⑥ 抱婴儿的旅客携带的非折叠式婴儿车只能作为托运行李在货舱内运输，可以在飞机门口交运、飞机门口领取。折叠式婴儿车可以带上飞机（如图 6-10），挂在一个封闭式衣帽间内。此外，折叠式婴儿车也可以放在行李箱内、非应急出口座位下的前面，尽可能地远离出口，或斜放在双通道飞机的中央座椅下。

图 6-10　折叠式婴儿车

2. 婴儿旅客的行为特点

① 婴儿旅客生活不能自理。

② 婴儿旅客不会用语言表达自己的感受。

③ 婴儿旅客对睡觉、吃奶、排泄等基本生理需求常用哭闹来表达。

④ 婴儿旅客对母亲特别依赖，对陌生环境会感到好奇或恐惧。

⑤ 在飞机起飞或下降压耳时，婴儿旅客会大声啼哭。

3. 婴儿和怀抱婴儿旅客的服务要点

① 提前确认婴儿餐的预订情况，送出婴儿餐食前，与家长做好沟通。

② 对于抱婴儿的家长，要将安全带系在大人身上（如图 6-11）。

③ 主动为婴儿提供枕头或毛毯垫在其头部，主动帮助其调整好通风孔，不要让通风孔直接对着婴儿及其陪同人送风。

④ 对于哭闹不止的婴儿，要给予关注，不能置之不理。

⑤ 对婴儿家长提拿行李、冲泡奶粉、更换尿片等事务，给予适当协助。

⑥ 婴儿车的摆放位置应让旅客知道，当旅客下飞机时，应当主动帮旅客把婴儿车摆放好。

图 6-11　婴儿安全带的系法

⑦ 主动向婴儿的陪同人介绍机上服务设备，特别是呼唤铃、卫生间的位置和为婴儿换尿布的设备。

⑧ 对单独乘机的抱婴者应当格外关注，方便其使用卫生间及用餐。

⑨ 尽量保持婴儿周围的环境安静。

⑩ 提醒家长抱婴儿时，婴儿的头部尽量不要朝过道方向。

⑪ 对于远程航线，提前确认婴儿摇篮的预订情况，为使用婴儿摇篮的旅客提供帮助，如果婴儿摇篮无人预订，也可以根据旅客实际需求提供，但必须符合婴儿摇篮的安全规定（如图 6-12）。

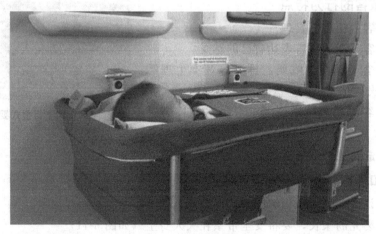

图 6-12　婴儿摇篮

⑫ 飞机起飞、下降前，告知家长可以利用喂奶等方式，缓解婴儿的压耳症状，落地后，帮助婴儿陪同人整理好随身携带物品，并帮助其提拿送下飞机。

6.2.4　孕妇旅客服务

飞机在高空飞行，高空空气中的氧气相对减少，气压降低，因此，航空公司对于孕妇乘机有一定的限制条件。《中国民用航空旅客、行李国际运输规则》规定，孕妇旅客乘机应当经承运人同意，并事先做出安排。

1. 孕妇旅客运输条件

国内航空公司对孕妇旅客乘机制定了一些运输规定，各航空公司的具体规定略有不同，只有符合运输规定的孕妇旅客，航空公司方可接受其乘机。

① 怀孕32～35周的孕妇乘机，应办理乘机医疗许可，该许可在乘机前7天内签发有效。

② 为了旅客的安全及健康，怀孕35周以上的孕妇，预产期在4周（含）以内的孕妇和产后不足7天的产妇，原则上不予承运。

③ 孕妇的座位不应安排在应急出口、通道处。

④ 孕妇应由指定的客舱乘务员负责照料，在紧急情况下，指定两名援助者协助孕妇撤离飞机。

2. 孕妇旅客的行为特点

① 孕早期（孕5～12周）旅客：小心、紧张、肚子不明显、双手会不时护住小腹处，可能怕冷，呕吐频繁，喜欢睡觉。

② 孕中期（孕13～28周）旅客：情绪时好时坏，肚子有明显隆起，衣服宽松，食欲大，口味挑剔，尿频，个别还会有呕吐症状和嗜睡状。

③ 孕晚期（孕29～40周）旅客：腹部隆起非常明显，心情稳定，少数会有产前忧郁症，爱担心，怕热，尿频；腰部受重大，易酸痛，行动小心而缓慢，害怕一切碰撞。

④ 孕妇大多怕热，行动小心而缓慢。

⑤ 食量可能会比一般旅客大。

3. 孕妇旅客的服务要点

① 小声询问旅客是否怀孕，例如港台、广东、福建等地区对孕早期3个月内忌讳公开怀孕身份。

② 主动帮助孕妇旅客提拿大件行李并安放好，注意调节通风口，全程给予关注。

③ 提醒孕妇在下腹部垫上一条毛毯，将安全带系在孕妇的大腿根部（如图6-13）。

④ 在有条件的航班上，可主动为孕妇旅客送上小枕头或将毛毯垫在其腰部（如图6-14）。

⑤ 应为孕妇多提供几个清洁袋，主动询问孕妇乘机感受，随时给予照顾。

⑥ 告知孕妇旅客卫生间的位置、卫生间设施和呼叫按钮的使用方法。

⑦ 对于怀孕超过32周未满36周的孕妇，要求其出示医疗证明的复印件，并报告主任乘务长/乘务长。

⑧ 对于怀孕周期较大的孕妇，做好航班中的密切观察，随时准备提供必要帮助。

⑨ 遇到紧急生产情况时，按"客舱乘务员手册"相关规定处置。

⑩ 下机时，客舱乘务员可协助孕妇旅客提取行李，并送至机门口。

4. 孕妇空中分娩

由于客舱空中低气压环境以及飞行过程中的颠簸震动，对孕妇及胎儿都有影响，进而可能会导致孕妇提早分娩，尤其是妊娠32～35周后的孕妇。多见于经产妇，最快15～40分钟分娩，而飞机备降最快也需要40分钟，因此客舱乘务员还需掌握遇孕妇空中分娩的基本

图 6-13 孕妇安全带系法

图 6-14 为孕妇送上小枕头

知识。

分娩特指胎儿脱离母体成为独立存在的个体的这个时期和过程。分娩的全过程共分为3期，也称为3个产程。第一产程，即宫口扩张期；第二产程，即胎儿娩出期；第三产程，即胎盘娩出期。

（1）为分娩做准备　孕妇仰天躺下，双腿分开，双膝弯曲和双脚平放。使用一个或两个枕头来垫高孕妇的头部和肩部。在孕妇的臀部底下垫上折叠的毛毯，使得分娩更容易一些。在产道开口之下放上另外的毛毯，在双腿和腹部各放一块，把它搭在每条腿之上。

（2）临产

① 让一名女性旅客或客舱乘务员在孕妇的头部旁待着，给予分娩时的语言提示，同时观察面部状态，随时与医生进行沟通。

② 婴儿在出生时，可能面部朝下，并且将自然地转到耻骨之下，接生人员用手臂支撑其头部和身体，把其引导出来，但不要拉扯，不要接触到孕妇的皮肤。

③ 如果婴儿是头在胎膜内的情况下生出，则在头的背部撕开，直到把胎膜撕裂为止。

④ 如果脐带绕在婴儿的颈上，则要轻柔地把它移出婴儿的头部。

⑤ 当脚出来时，侧着放下婴儿，让其头部稍低于身体。这样做是为了使得血、液体和黏液从嘴和鼻子中流出来。然后，从其嘴和鼻子上擦掉黏液。

⑥ 记录婴儿出生的时间。

⑦ 出生后，促使婴儿呼吸。轻柔但有力地擦婴儿的背部，用食指按婴儿的脚底。如果婴儿不哭也不呼吸，则进行急救人工呼吸。

⑧ 不要切断脐带。如果婴儿通过脐带仍保持和胎盘连在一起，直到母亲抵达医院为止，不会造成伤害。

（3）产后

① 用干净的覆盖物包上婴儿并且将婴儿侧身、头向下地放在母亲的上大腿区。因脐带的长度大约为30cm，把其放在大腿上的话，母亲能够把一只手一直放在婴儿身上，而另一只手按摩她的子宫。

② 帮助母亲产出胎盘。当婴儿出生时停止的分娩疼痛再次短暂出现，胎盘开始产出。大多数情况下，出现在婴儿出生后的几分钟之内。此时让母亲轻柔地在靠近脐带的子宫顶部之上进行按摩。

③ 产出胎盘后，将其放在塑料袋内，并且为医务人员把它保存好。胎盘通过脐带仍然被连接到婴儿身上。

④ 控制产生流血。产出胎盘后，始终伴随着一些子宫流血，因此要在母亲身上放一块卫生巾。在不进行挤压的情况下，让母亲放低腿合拢在一起，垫高脚。母亲可轻柔地按摩子宫顶部，以帮助子宫收缩减少流血。

⑤ 生产结束后，婴儿仍然要保持与母亲的接触，提供感情上的支持和依靠。如果产妇需要，尽可能地使环境舒适和温暖，可适当提供饮料。

【案例资料】

惊险！一孕妇在飞机上生下孩子

2017年1月11日晚20:10，山航（山东航空公司）SC4778航班在韩国首尔仁川国际机场准点起飞，前往山东青岛。起飞5分钟后，坐在6C的男乘客突然呼唤客舱乘务员，表示6A座位的女旅客身体状况出现异常。当班的山航客舱乘务员立即前往查看，经询问得知，这位女乘客已经怀孕，现在腹部剧烈疼痛。

客舱乘务员将情况报告给乘务长，乘务长立即安排客舱乘务员拿取毛毯、枕头、热毛巾，并安排广播寻找医生。同时，乘务长将此情况报告给机长吴维凯，机长决定返航首尔，并与首尔机场取得了联系，请求医护人员及车辆保障，同时通过航空器通信系统将相关信息通知山航运行控制中心。山航运行控制中心立即与山航派驻韩国首尔的商务人员联系，关注车辆及医护人员到位情况，全力提供协助。

"尊敬的各位旅客，我是本次航班组的乘务长，我们航班上有一位孕妇乘客，刚刚突然腹痛，我们现在广播寻找医生和医务工作者，如果您具备相关医务工作经历，请立即到客舱前端联系我们，谢谢！"乘务长略带焦急的声音在机舱广播中响起。然而，本次航班旅客中并没有医生，两位曾经有过护理工作经验的热心乘客王女士和武女士听到广播后赶到了前舱提供力所能及的帮助。

20:20左右，怀孕女乘客疼痛加剧，情况紧急，客舱乘务员们用毛毯将6排座位遮挡搭建出了一个临时"产房"，并准备好了机上的氧气瓶和急救药箱。20:30左右，怀孕女乘客出现了分娩前兆，乘务长跪在客舱地板上，一手托举孕妇头部，一手给孕妇戴上氧气面罩协助吸氧，武女士帮助接生，王女士助产。其他乘务员和安全员一边维持客舱秩序，一边轻拍孕妇面部，让孕妇保持清醒。20:40，在大家的共同努力下，一位小女孩顺利降生，客舱乘务员立即找来毛毯将孩子包裹起来，客舱内响起了热烈的掌声。

20:55，航班在韩国首尔仁川机场降落，滑行至停机位后打开舱门，在场的医护人员立即上机对孕妇旅客和孩子进行检查，确认新生儿身体健康，孕妇身体状况也很好。随后，孕妇旅客及孩子被送上救护车，前往医院。经后续了解，孕妇旅客母女平安，小女孩重2.36千克，身体健康。

（摘自：大众网）

6.2.5 儿童旅客服务

1. 儿童旅客运输条件

儿童旅客指年满2周岁但未满12周岁的儿童。年满2周岁但未满5周岁的儿童，必须由一位同舱位的至少18岁以上的旅客陪护，不允许其坐在紧急出口座位。

（1）有成人陪伴儿童　年满2周岁但不满12周岁，不可安排在紧急出口座位处，有成年旅客陪伴乘机的儿童，简称有陪儿童。

（2）无成人陪伴儿童　年满5周岁未满12周岁的儿童无成人陪伴旅行，必须申请无成

图6-15　无成人陪伴儿童

人陪伴服务。这项服务是为在不换机的前提下、在不备降或预计不会因天气原因改程或跳过目的地的航班上独自旅行提供的。要求必须由成人陪同直到上机时为止，且必须配有在到达站接儿童的成人名字、联系方式及地址（如图6-15）。无成人陪伴儿童的座位必须已经确认，且不可安排在紧急出口座位处。12周岁（含）以上至15周岁（含）以下按成人票价购票的旅客，如提出申请，也可提供无成人陪伴儿童服务。机上儿童的载量不得多于机上儿童救生衣的配备量。注意：5周岁以下无成人陪伴儿童不予承运，16周岁以下的聋哑／双目失明的无成人陪伴儿童不予承运。

无成人陪伴儿童部分机型的数量限制，见表6-1。

表6-1 无成人陪伴儿童部分机型的数量限制

机型	限制人数	机型	限制人数
B777A	8人	A330	6人
B777B	6人	A319/A320	5人
B737/757	5人	A321	5人

备注：只有经济舱接受，头等舱、公务舱不接受无成人陪伴儿童

2. 儿童旅客的行为特点

① 性格活泼，天真幼稚。
② 好奇心强，善于模仿。
③ 判断能力较差。
④ 过分自信，或过分内向。
⑤ 无成人陪伴儿童可能部分会有孤独、惊慌的情绪。
⑥ 无成人陪伴儿童可能全程很少会离开座位。
⑦ 容易受到相邻旅客的影响。

3. 儿童旅客的服务要点

（1）有成人陪伴儿童

① 对过分淘气的小旅客进行干预，告知家长哪些是孩子所不能触碰的紧急设备等。
② 给小旅客食物之前，要征得家长同意，特别提醒家长在给孩子食用坚果类、果冻类等食物时，注意安全。
③ 可以利用娱乐系统等手段吸引小旅客的注意力。
④ 小旅客独自使用卫生间时，应当给予指导和帮助，并确认小旅客使用完卫生间回到座位，避免小旅客独自在卫生间停留。

（2）无成人陪伴儿童

① 主任乘务长接到"特殊服务单"（如图6-16）后指定专人负责，并告之相应舱位的其他组员。
② 确认接机人信息、联系电话无误后才可签单。
③ 注意其随身行李、证件袋及有无托运行李，关注有关小旅客的个人信息，尤其是禁忌方面，并将特别需要关注的信息告知所有组员。
④ 多与其交流或可利用机上资源，如两舱的水果、甜品等与孩子建立信任，消除其惊慌感（如图6-17）。

儿童姓名NAME OF MINOR： 　　　　　　　　　年龄AGE： 　　　　性别SEX：				
(包括儿童乳名-INCLUDING NICKNAME) 与旅客关系RELATIONSHIP WITH PASSENGER： 　　　　　　　　　　 健康状态HEALTH：				
航班号 FLT NO	日期 DATE	始发站 ON DEPARTURE	经停/衔接站 STOPOVER POINT	到达站 ON ARRIVAL
航站 STATION	接送人姓名/有效证件号码 NAME OF PERSON ACCOMPANYING AND VALID IN NO.		电话、地址 ADDRESS AND TEL.NO	
始发站 ON DEPARTURE				
经停/衔接站 STOPOVER POINT				
到达站 ON ARRIVAL				
备注REMARK：				
儿童父母或监护人姓名、地址、电话号码PARENT/GUARDIAN-NAME.ADDRESS.TEL NO.：				

图 6-16　特殊服务单

图 6-17　客舱乘务员与小旅客交流

⑤ 优先保证小旅客的毛毯，必要时协助其增减衣物。

⑥ 起飞前，告知小旅客待落地后，将由直接负责的客舱乘务员引导其离机，下降前再次告之。

⑦ 请附近旅客给予关照，小旅客有任何需要或者异常可及时按呼唤铃，必要时协助其用餐（如图 6-18），引导其使用卫生间。

⑧ 对其选择的餐饮种类做监控，不提供不适合小旅客的食物，如酒类，有过敏源、易引起异物梗塞的食物等。

⑨ 遇航班延误等特殊情况，直接负责的客舱乘务员应当面和小旅客做好沟通，避免其产生紧张情绪。

⑩ 联程航班，无陪小旅客可不下机，专人负责的客舱乘务员要做到实时监管，如遇特殊情况需在中转站下机，客舱乘务员应与地面工作人员做好交接，并完成相关交接手续。

单元6　特殊旅客服务规范与细微服务

图6-18　客舱乘务员协助小旅客用餐

⑪ 全程不定时关注小旅客的行动和乘机状态，如情绪是否稳定、身体状态是否良好、有无新的需求。

⑫ 起飞、下降、颠簸时，留意小旅客是否系好安全带，告知小旅客安全带的使用方法，并确认其学会。

⑬ 下机时，客舱乘务员应帮助其提拿行李，并确认其座位及相邻两个座位座椅前面口袋内和行李架内无遗留物品（如图6-19）。

⑭ 原则上，负责接收的客舱乘务员必须负责最后与地服人员的交接。交接时，要和地服人员确认无陪小旅客的手提行李件数、资料袋内的证件齐全，以及在航班中的用餐情况和身体状况，地服人员签字确认，留下员工号和联系电话，交接完毕（如图6-20）。

图6-19　客舱乘务员协助小旅客整理物品

图6-20　客舱乘务员与地服人员进行交接

【案例资料】

暑运期间重庆航空推出无陪儿童全程专人负责服务

重庆航空发布消息，2018年暑运期间，推出无陪儿童全程专人负责服务。无陪儿童服务是航空公司针对无成人陪伴儿童飞行从安检、候机、乘机、到达都有专人负责带领、照料的服务，致力于满足5周岁以上、12周岁以下无家长陪伴同行的小朋友特殊出行需求。

2018年7月4日上午8:45，重庆机场T3候机楼，在特殊服务台，无家人陪同乘坐飞机到广州去看爸爸妈妈的小朋友江某在舅妈的陪伴下办理乘机手续。记者问道："他没有带行李？"江某的舅妈说，行李已经托运好了，登机牌也一并打好了。重庆航空工作人员收下舅妈提交的申请书（"无人陪伴特殊旅客乘机申请书"），连同孩子的身份证件、登机牌和特殊旅客服务通知单一起装入特殊服务袋，再把袋子挂到江某的脖子上。工作人员说，成为"小袋鼠"后，孩子就会一路被乘务人员给予特殊的照顾，绝对就不怕丢了。

办好手续，时间显示为9:40，距离飞机起飞正好还有45分钟。重庆航空工作人员说道："现在就可以出发啦。"这45分钟是精确时间，从服务台到安检口，再到登机口，直到上飞机，孩子将一路通行，避免了孩子在中途等待逗留，也能把乘机前的大部分时间留给孩子和家长共处。随后，工作人员牵着江某的手，乘电梯来到安检口，把他托付给另一头的工作人员。看到江某顺利通过安检，舅妈放心地离开。

重庆航空的工作人员说，在飞机上，小朋友们将享有"特权"，不仅不用交"伸腿费"就能坐在第一排，还会得到拼图等小玩具，品尝装饰可爱的儿童餐。这都是为了让空乘人员尽其所能地照顾到他们，让小朋友们尽可能地享受到美妙的空中之旅。"下了飞机，小朋友的行李不用自己领。"工作人员说，飞机抵达目的地后，小朋友的"特权"仍在继续，工作人员会立即致电托付家属报平安，还要联系核实承接家属，把孩子一对一交付，做到无缝衔接。

（摘自《重庆晚报·慢新闻》）

【知识卡片】

无成人陪伴儿童乘机申请程序

申请航空公司"无成人陪伴儿童"服务的旅客，需要在购票或订座时提出申请，在办理登机牌及托运行李后，凭家长和小朋友的有效身份证件原件与小朋友的登机牌前往特殊旅客服务柜台填写"旅客特殊服务申请书"，留下小朋友的身份、航班信息及接机人的姓名、地址和联系电话。填写完成后，工作人员将把所有资料放进"无成人陪伴儿童文件袋"里，挂在小朋友胸前。

航班登机前20分钟，工作人员会来接走小朋友，带他们统一通过安检、登机，而在客舱里会有客舱乘务员给予特殊关注。当航班到达下机时，也会有工作人员核对小朋友的信息，将小朋友及时、安全地交到接机人手里。在整个保障流程中，每时每刻都有专人负责随时传递"无成人陪伴儿童"信息，让家长放心无忧。

航空公司的"无成人陪伴儿童"服务目前是免费的，但它仅接受不换机的"无成人陪伴儿童"运输，由于每个航班根据机型的不同，对于"无成人陪伴儿童"的数量会有限制，因此对有需要申请"无成人陪伴儿童"服务的旅客，家长们一定要提前给孩子预订座位，以免耽误行程。家长在送机时，一定要在飞机起飞后才能离开机场，以免航班临时延误、突发事件时无监护人在孩子身边陪伴。

6.2.6 老年旅客服务

1. 老年旅客运输条件

老年旅客一般是指年龄超过65周岁以上，生活不能自理，需要一定的特殊照顾或服务的旅客。各航空公司对接收老年旅客的年龄范围略有不同。

我国老龄人口激增,乘坐飞机的老年人也在不断增加。目前,很多航空公司都有规定,超过70周岁的老年人乘坐飞机,需提前提供医院的健康证明或诊断证明,或签署免责协议。

对于在空中需要特殊照顾和陪护,但行动方便,不需要借助轮椅或担架的特殊老年旅客,可以参照无人陪伴儿童的运输程序予以承运,但应与无人陪伴儿童合并计数。

对于需要借助轮椅(WCHS或WCHC)或担架运输的特殊老年旅客,按照各航空公司病残旅客的运输政策和程序承运,并须满足相关限制规定。对于仅需要地面接送,而在客舱中不需要特殊照顾和陪护的特殊老年旅客,其承运数量不受限制。对于需要与地面服务人员交接的特殊老年旅客,地面服务保障部门应做好地面引导和接送工作,并在需要时与客舱乘务员进行交接。

2. 老年旅客的行为特点

健康成年人机体适应能力较强,可适应飞机高空飞行中的海拔、氧浓度变化。但随着年龄的增长,人体功能逐渐下降,同时常合并高血压、冠心病、肺气肿、慢性阻塞性肺病、肺心病、脑动脉供血不足、周围血管病等慢性疾病,当周围环境快速变化时,机体不能完全、快速适应,从而诱发慢性病急性加重,其中不乏严重心脑血管恶性事件,如不提前干预或及时处置,会造成严重后果。

① 行动迟缓、反应慢、耳朵不灵、视力减退、咀嚼能力下降、记忆力下降。
② 患有老年常见病,例如糖尿病、心脏病、高血压、骨质疏松等。
③ 精神易紧张、爱热闹、怕寂寞。
④ 体温比正常人低,较怕冷。
⑤ 一些外国旅客,自理能力较强,不希望被特殊照顾。
⑥ 单独乘机的老年人可能只会讲本地方言,例如单独乘机的广东老年人可能只会讲粤语和潮汕话。

3. 老年旅客服务要点

(1) 有成人陪伴老年旅客

① 向陪同的家人或朋友了解老人的年龄、身体状况,登机前后的精神和身体状态,要态度亲切,取得其家人的好感。
② 与老人讲话语速要慢,音量要大,要有足够的耐心,语气亲切柔和,语句简单、清晰。
③ 优先保证老年旅客的毛毯。
④ 主动为老年旅客提供温水(如图6-21)。
⑤ 提供餐饮服务前,关注老年旅客是否预订了特殊餐食,如糖尿病餐等。送餐饮时,主动与其家人沟通,推荐适宜的饮料和餐种。

(2) 无成人陪伴老年旅客

① 主任乘务长/乘务长接到"特殊服务单"后,指定专人负责,并告知相应舱位的其他组员。
② 与地面交接时,要确认老年旅客的随身行李和托运行李件数,确认其证件袋内的证件是否齐全,确认接机人信息、联系电话无误后才可签单。关注有关老年旅客的个人信息,尤其是禁忌方面,并将特别需要关注的信息告知所有组员。

图 6-21　客舱乘务员为老年旅客送上温水

③ 根据情况主动搀扶,帮助老年旅客提拿行李,亲切大方地与老年旅客交流以消除其陌生和惊慌感。告知其飞行时间,引导其入座,帮助其安放行李,告知老年旅客安全带的使用方法,并确认其学会(如图6-22)。

图 6-22　主动搀扶老年旅客登机

④ 起飞前,告知老年旅客待落地后将由直接负责的客舱乘务员引导其离机,下降前再次告之。

⑤ 告知老年旅客卫生间的位置、卫生间设施和呼叫按钮的使用方法。

⑥ 告知老年旅客服务组件的使用方法,尤其是呼唤铃的位置。对其保持全程关注。

⑦ 询问老年旅客有无慢性疾病史,有无随身携带药品,并确认药品位置。

⑧ 起飞、下降和颠簸时,要特别留意无陪老年旅客是否已系好安全带。

⑨ 优先保证无陪老人的毛毯。

⑩ 提供餐饮服务前,关注无陪老年旅客是否有预订特殊餐,如糖尿病餐。送餐饮时,主动与其沟通,推荐适宜的饮料和餐种。对进食不便的老年旅客,应给予协助(如图6-23)。

⑪ 发放入境卡时,主动协助无陪老年旅客填写。

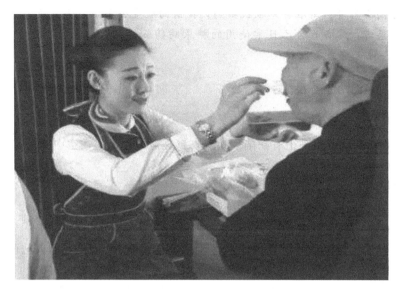
图6-23 客舱乘务员帮助老年旅客进食

⑫ 遇到联程航班，老年旅客可不下机，专人负责的乘务员要做到实时监管。如遇特殊情况需在中转站下机，乘务员应与地面工作人员做好交接，并完成相关交接手续。

⑬ 遇航班延误等特殊情况时，直接负责的乘务员应当面和老年旅客做好沟通，避免其产生紧张情绪。

⑭ 下机时，乘务员应帮助其提拿行李，并确认其座位及相邻两个座位座椅前面口袋内和行李架内无遗留物品。

⑮ 原则上，负责接收的乘务员必须负责最后与地服人员的交接。交接时，要和地服人员确认好老年旅客的手提行李件数、资料袋内的证件齐全，以及在航班中的用餐情况和身体状况，地服人员签字确认，留下员工号和联系电话，交接完毕。

【知识卡片】

哪些老人不宜坐飞机？

一般来说，身体状况较好、心脏功能没有明显障碍的老年人是完全可以坐飞机的。不过在为老人预订机票时，应尽量选择设施完备、保健条件更好的大中型客机。

身体状况欠佳的老人则应视身体状况或遵循医嘱做出选择。如患有心血管疾病的老人通常不宜坐飞机，由于飞机起降的轰鸣、震动及缺氧等原因，患有脑血管疾病的老人可能会旧病复发或使病情加重。此外，患有呼吸系统病、耳鼻病的老人以及出行前刚做过手术的老人也不宜坐飞机。

为了安全需要，老年乘客需要做相应的乘机准备。

1. 健康老年乘客：在乘机前10天，建议进行血压、血常规、心电图、胸片等检查，进行心肺功能评价。

2. 合并高血压、冠心病等慢性疾病的老年乘客：随身携带一份自己所患疾病、日常用药清单。例如，高血压病患者应准备适合自己的急救降压药物；冠心病患者应准备硝酸甘油片或消心痛、阿司匹林等；慢性心功能不全者应准备口服利尿剂、硝酸甘油片。

3. 哮喘患者：需准备短效支气管舒张剂及一个疗程的口服糖皮质激素。

4. 慢性阻塞性肺病患者：需准备短效支气管舒张剂，提前向航空公司申请吸氧服务。

5. 肺动脉高压患者：需准备急救抗凝药，提前向航空公司申请吸氧服务。

6. 糖尿病患者：需备好自己日常使用的糖尿病药物；身边备糖块、饼干，在低血糖发作时食用；有条件者可自备血糖仪。

6.2.7 病残旅客服务

1. 病残旅客运输条件

病残旅客是指身体或精神上有缺陷或疾病，自理能力不足，在空中旅行过程中需要他人帮助和照料的旅客。

（1）运输规则

① 除非特别申请并获得航空公司批准，航空公司不承运需要持续输血、输氧、输液以维持生命或生命垂危的病人。

② 为病残旅客安排的座位，应尽可能地靠近客舱乘务员的座位或靠近舱门出口座位处，但不可安排在紧急出口座位，一排座位只能安排一名病残旅客就座。

③ 每次起飞前，指定客舱乘务员应向在紧急情况下需由他人协助方能迅速移动到出口的旅客进行个别介绍。介绍的内容应包括：

a. 告诉该旅客及其陪伴人员，在紧急情况下通往每一适当出口的通道，以及开始撤往出口的最佳时间；

b. 征询该旅客及其陪伴人员关于帮助此人的最适宜方式，以免使其痛苦和进一步受伤。

（2）病残旅客的撤离原则

飞行前，应由乘务长确定病残旅客撤离出口的位置和撤离次序，并进行必要的机组协作，明确乘务组协助人员的分工。在可能的情况下，对轮椅旅客和担架旅客，应安排专用的撤离通道，迅速、及时地组织撤离。

（3）病残旅客的陪伴人员

如果残疾人没有能力对客舱乘务员介绍的安全说明和注意事项加以理解或做出反应，或不能与客舱乘务员进行交流，或不能自行从航空器上紧急撤离，客舱乘务员应与其陪伴人员沟通确认。

① 陪伴人应有能力在旅程中照料残疾人，并在紧急情况下协助其撤离。

② 陪伴人员应在订座时声明陪伴关系，并单独出票。

③ 除安全原因外，陪伴人员的座位应紧靠残疾旅客的座位。

常见病残旅客类型代码和运输条件，见表6-2。

表6-2 病残旅客类型代码和运输条件

病残旅客类型		代码	运输条件
盲人旅客		BLND	携带导盲犬应具备动物检疫证； 导盲犬需要戴口罩和牵引绳
聋哑旅客		DEAF	
严重疾病旅客		MEDA	
轮椅旅客	能自行上下飞机，在客舱能自行走到座位上	WCHR	WCHR旅客使用的自用轮椅应该放在货舱运输，每航班不限人数； WCHS和WCHC在每一航班的每一个航段限两名旅客
	不能自行上下飞机，但能在客舱自行走到座位上	WCHS	
	完全不能走动，需要他人协助才能走到座位	WCHC	
担架旅客		STCR	每一航班的每一个航段限一名旅客； 必须有人陪伴

2. 病残旅客的行为特点

① 部分病残旅客自理能力差、有特殊困难，迫切需要帮助。
② 部分病残旅客具有很强的自尊心和自卑感，不希望客舱乘务员帮忙。
③ 轮椅旅客行动不便，部分人可能完全不能行动。
④ 部分刚受伤的轮椅旅客可能会出现疼痛、怕冷的情况。

3. 病残旅客服务要点

（1）盲人旅客　盲人旅客（代码BLND），是指有双目失明缺陷的成人旅客。一般按照以下规定为盲人旅客提供服务。

① 主任乘务长/乘务长接到"特殊服务单"后指定专人负责，并告知相应舱位的其他组员。
② 客舱乘务员应细心留意盲人旅客的需要，交谈要自然，适当询问并提供必要的帮助，应特别注意尊重他们。
③ 服务前，首先表明自己的身份。
④ 做盲人向导时，让盲人握住你的胳膊，让他在你身后行走，提供必要的语言提醒和介绍。
⑤ 起飞前，告知盲人旅客待落地后将由直接负责的乘务员引导其离机，下降前再次告之。
⑥ 送餐饮时注意温度，提供热食时，要注意做好防护，不要烫伤旅客。
⑦ 通过语言来帮助他们了解周围的环境，介绍固定物品的方位时，可用表盘方位法，如六点位置、十二点位置等。
⑧ 对于单独乘机的盲人旅客，要引导和协助其使用卫生间。
⑨ 如旅客携带导盲犬进入客舱，要检查导盲犬是否佩戴了口罩，提醒旅客需全程给予爱犬佩戴口罩，并不可随意给予导盲犬食物以及其他的刺激（如图6-24）。

图6-24　盲人旅客携带导盲犬

⑩ 私下请附近旅客给予关照，有任何需要或者异常情况，可及时按呼唤铃。
⑪ 下机时，客舱乘务员应帮助其提拿行李，并确认其座位及相邻两个座位座椅前面口

袋内和行李架内无遗留物品。

⑫ 原则上，负责接收的客舱乘务员必须负责最后与地服人员的交接。交接时，要和地服人员确认好盲人旅客的手提行李件数、资料袋内的证件齐全，以及在航班中的用餐情况和身体状况，地服人员签字确认，留下员工号和联系电话，交接完毕。

（2）担架旅客　担架旅客（代码 STCR），是指本人不能自主行动或病情较重，只能躺在担架上旅行的旅客。

① 主任乘务长/乘务长接到"特殊服务单"后指定专人负责，并告知相应舱位的其他组员。

② 与护送上机的医务人员或家属了解旅客病情及注意事项（如图 6-25）。

图 6-25　客舱乘务员与家属交流

③ 客舱乘务员应细心留意旅客的需要，交谈要自然，适当询问并提供必要的帮助。

④ 起飞、下降时，帮助其系好安全带（如图 6-26）。

图 6-26　帮助担架旅客系好安全带

⑤ 询问担架旅客家属是否需要机场救护车接机，并告知此类接机需要付费。

⑥ 在无法提供升降车服务的机场，提前告知机长，通知地面机上有担架旅客，根据机型注意客梯车的停靠位置，以便担架旅客下机。

⑦ 下机时，客舱乘务员应帮助其提拿行李，并确认其座位及相邻两个座位座椅前面口袋内和行李架内无遗留物。

⑧ 原则上，负责接收的客舱乘务员必须负责最后与地服人员的交接。交接时要和地服人员确认好担架旅客的手提行李件数、资料袋内的证件齐全，以及在航班中的用餐情况及身体状况。地服人员签字确认，留下员工号和联系电话，交接完毕（如图 6-27）。

（3）聋哑旅客　聋哑旅客（代码 DEAF），是指因双耳听力缺陷不能说话的旅客，不是指有耳病或听力弱的旅客。

单元6　特殊旅客服务规范与细微服务

图 6-27　与地服人员交接担架旅客

① 主任乘务长/乘务长接到"特殊服务单"后指定专人负责，并告知相应舱位的其他组员。

② 客舱乘务员应保持甜美的微笑，表达善意，建立信任（如图 6-28）。

图 6-28　客舱乘务员与聋哑旅客交流

③ 告知全组聋哑旅客的信息，避免为聋哑旅客提供耳机等服务造成尴尬。

④ 说话时语速要慢，要让聋哑旅客能看到客舱乘务员的口型，必要时可使用小纸条告知其重要信息。

⑤ 起飞前，告知聋哑旅客待落地后将由直接负责的客舱乘务员引导其离机，下降前再次告之。

⑥ 不要有太突然的动作，要与其交流时，先轻轻触碰聋哑旅客的肩膀，以引起其注意。

⑦ 下降前，再次提醒旅客落地后在座位上等待客舱乘务员前来引导下机。

⑧ 下机时，客舱乘务员应帮助其提拿行李，并确认其座位及相邻两个座位座椅前面口袋内和行李架内无遗留物品。

⑨ 原则上，负责接收的客舱乘务员必须负责最后与地服人员的交接。交接时，要和地

131

服人员确认好聋哑旅客的手提行李件数、资料袋内的证件齐全,以及在航班中的用餐情况及身体状况。地服人员签字确认,留下员工号和联系电话,交接完毕。

(4) 轮椅旅客 轮椅旅客,是指身体适宜乘机,行动不便,需要轮椅代步的旅客。分为三种不同类型。

① 机下轮椅(WCHR)(R 表示客机停机坪) 是指为能够自行上下飞机,在客舱内能自己行走到座位上,仅在航站楼、停机坪与飞机之间需要协助的旅客提供的轮椅。此类旅客可以上下客梯,也可以自己进出客舱座位,但远距离前往或离开飞机时,如穿越停机坪、站台或前往移动式休息室,需要轮椅。此类旅客的服务起止于客机停机坪。

② 登机轮椅(WCHS)(S 表示客梯) 是指为不能自行上下飞机,但在客舱内能自己走到座位上去的旅客提供的轮椅。此类旅客可以自己进出客舱座位,但上下客梯时需要背扶,远距离前往或离开飞机或移动式休息室时需要轮椅。此类旅客的服务起止于客梯。

③ 机上轮椅(WCHC)(C 表示客舱座位) 是指为经适航许可,在客舱内供无行走能力的旅客使用的轮椅。此类旅客尽管能在座位上就座,但不能自行走动,并且前往或离开飞机或移动式休息室时需要轮椅,在上下客梯和进出客舱座位时需要背扶。此类旅客的服务起止于客舱座位。

主任乘务长/乘务长接到"特殊服务单"后指定专人负责,并告知相应舱位的其他组员。
① 告知旅客特殊卫生间的位置,必要时征得同意后,协助其使用卫生间。

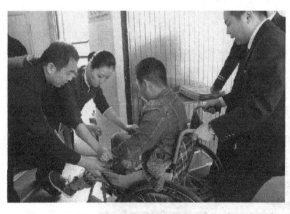

图 6-29 帮助轮椅旅客下机

② 优先保证轮椅旅客的毛毯。

③ 起飞前,告知旅客待落地后将由直接负责的客舱乘务员引导其离机,下降前再次告之。

④ 要考虑到旅客的自尊心,在航程中适当关注、适当询问。

⑤ 下降前,告知机组需要轮椅或升降车服务的旅客人数。

⑥ 下机时,客舱乘务员应帮助其提拿行李,并确认其座位及相邻两个座位座椅前面口袋内和行李架内无遗留物品(如图 6-29)。

⑦ 原则上,负责接收的客舱乘务员必须负责最后与地服人员的交接。交接时,要和地服人员确认好轮椅旅客的手提行李件数、资料袋内的证件齐全,以及在航班中的用餐情况和身体状况。地服人员签字确认,留下员工号和联系电话,交接完毕。

【案例资料】

深航推出多项暖心举措让轮椅旅客顺利乘机

2019 年 3 月,深航保障深圳地区进出港特殊旅客 1127 人,其中残疾人旅客服务保障 799 人次。为保障残疾人旅客顺利乘机出行,深航推出专用无障碍摆渡车、爬楼梯轮椅,方便轮椅旅客上下摆渡车、客梯车、楼梯时使用,满足旅客出行保障需求。

据深航地面服务部工作人员介绍,旅客申请使用机下轮椅,应在航班预计起飞时刻 24 小时(含)之前向深航直属售票部门(不含销售代理人)提出申请。申请使用登机轮椅或机上轮椅的旅客,应在航班起飞时间前 36 小时(含)之前向深航直属售票部门(不含销售代理人）提出申请。残疾人代表团应提前72小时（含）向深航直属售票部门（不含销售代理人）提出申请。

据了解，为保障旅客正常出行，深航在轮椅旅客申请数量方面建议，如果残疾人旅客乘坐航班运输过程中没有同行人员，但需要他人协助，当航班座位数不超过200个，可载运最多4名残疾人旅客；当航班座位数超过200个少于400个，可载运最多6名残疾人旅客；当航班座位数超过400个时，可载运最多8名残疾人旅客。载运残疾人团体时，在增加陪伴人员的前提下，可酌情增加残疾人乘机数量。

（摘自：深圳新闻网）

6.2.8 晕机旅客服务

飞机在飞行过程中，旅客会在客舱内受到震动、摇摆，部分人群的自身调节机制不能很好地适应并且调节自身平衡，会出现眩晕、呕吐等症状。

1. 晕机旅客表现

① 轻者表现为头痛、全身稍有不适、胸闷、脸色绯红。
② 重者表现为脸色苍白发青、头痛心慌、表情淡漠、微汗。
③ 更严重者表现出浑身盗汗、眩晕恶心、呕吐不止等难以忍受的痛苦（如图6-30）。

2. 晕机旅客服务要点

① 旅客登机时告知有晕机的情况，客舱乘务员应尽量帮助其调整座位，可以选择远离发动机又靠近窗的座位，能减少噪声和扩大视野。
② 当需要服用乘晕宁时，客舱乘务员应该主动让旅客阅读使用说明，确认可以服用前，填写航空公司免责声明单，然后再提供药品。
③ 航班中可以通过观察和聊天的方式查看旅客情况，指导旅客尽量将视线放远，看看沿途风景，如远处的云和山脉，分散注意力，放松心情。在和旅客聊天时，不要谈及和晕机有关的内容。
④ 旅客发生晕机时，可以用静卧休息或闭目养神、不进食饮水、深呼吸、用热毛巾擦脸或在额头放置凉的湿毛巾、指掐内关穴、用温水漱口、提供氧气等减轻症状。
⑤ 对于严重晕机者，需提供氧气瓶让旅客吸氧。

图6-30 晕机旅客

【案例资料】

乘客严重晕机，还执意要上飞机

一部对讲机、一部手机、一袭白衣、一个急救箱，这是南京禄口国际机场T2航站楼医务室医生夏涛上班时的标准装备，与其他医护工作者工作的医院不同，26万平方米航站楼是他们的工作现场。2019年1月28日，春运第8天，南京禄口国际机场迎来节前出行高峰，夏医生比平日里更加忙碌。

24小时值班，每天8点交接班，她总是提前到达工作岗位，仔细核对药品柜、补齐药品，这才踏实。沉稳、细心，和她搭过班的同事这样评价。每天平均接诊30多例，出诊10多例，最多的一天，转运病人达三次。晕机、急性肠胃炎、感冒发烧，是最常见的情况。小小的医务室、偌大的航站楼，其担负着南京禄口国际机场突发事件应急救护保障任务，承担着进出港旅客的医疗服务工作。

夏涛告诉记者，今年春运，一名旅客晕机的症状比较严重，几乎到了无法站立的程度，但他依然坚持要登机，"我们也劝说了很久，他还是坚持要走。当时一个人带了一个孩子，是到三亚去玩，我们只能暂时给他吃了药。"说起这件事，夏涛还是有些着急，"其实很多旅客都是这样的心理，这个跟去医院看病不一样，来了以后我就是来看病的。在这里很多旅客就想着我不是来看病的，我是来坐飞机要出去的。其实我们建议旅客尽量抓紧治疗。"

两年前从医院来机场工作时，夏涛"很不适应"，总是为这样的病人感到担忧，自己的劝说没有被病人采纳，很揪心。又是一年春运，夏涛收到一封感谢信，让她湿了眼眶。那天正值夏涛值班，对讲机里突然响起旅客突发哮喘的呼叫，她拿起急救箱，迅速跑到登机口，当时病人脸色煞白，心率骤降，同行的医生做起了心肺复苏，夏涛为病人做了紧急救治。本以为是一次寻常的出诊，一年后，收到了病人的感谢信，旅客在最后写道：永生不忘。

（摘自：新浪新闻）

案例思考：
对于执意要登机的晕机旅客，你会怎么做？

6.3 机组细微服务

客舱机组与飞行机组的互相沟通、互相配合，是安全飞行的重要保证。客舱机组与飞行机组在任何情况下都应使用每个程序规定的标准用语、规范的联络信号以及预先协同的安全联络信号或语言命令来进行沟通和联系。特别是提供给机组的餐食，要严格按规范操作。食物中毒会影响机组的工作能力，进而影响飞行安全，为机组供餐的客舱乘务员应保证供给机长和其他机组成员的食品是完全不同的。

1. 机组服务规范

（1）标准配置飞行机组

① 起飞后，按照与机长在航前协调的暗号进入驾驶舱。

② 为机组提供枕头或毛毯、清洁袋、小瓶矿泉水和若干热毛巾。

③ 毛巾湿度以不滴水为宜，可用水杯或清洁袋装的方式提供，禁止将湿毛巾放于驾驶舱的中央控制台上。

④ 乘务员应视情况向飞行机组提供需要的饮料。

a. 提供饮料时，不可使饮料越过中央操作台，禁止将茶壶放在驾驶舱内。

b. 提供杯装饮料时，乘务员必须将其放置在托盘上，整盘送给驾驶舱，待飞行员取走饮料之后，再将托盘取出。

c. 提供听、罐装的带气或碳酸饮料时，乘务员要将其在服务间打开，避免饮料溅出。

⑤ 飞行期间，乘务员有责任每隔30分钟进入驾驶舱进行服务，所有拿进驾驶舱的物品，用完之后应及时收回。

⑥ 飞机下降前，乘务员应再次收取驾驶舱的不用物品。

⑦ 在驾驶舱与飞行机组对话前，乘务员应注意观察，不要影响其工作。

（2）两人制飞行机组

① 两名飞行机组执勤时，其中一名因各种原因需要离开驾驶舱前，须使用内话通知客舱机组成员进入驾驶舱。

② 接到进入驾驶舱的指令后，乘务长应及时安排一名客舱乘务员，优先考虑 SS2 或 SS3 号乘务员进入驾驶舱，乘务长负责监控前舱。如乘务长无法集中精力监控前舱，可要求安全员进入前厨房区域协助监控。

③ 乘务员进入驾驶舱后，应向进入驾驶舱的乘务员介绍氧气面罩/安全带等应急设备的使用方法。

④ 乘务员进入驾驶舱后，应及时关闭驾驶舱门，就座于左座正后方的第二观察员座位并系好安全带。

⑤ 乘务员在驾驶舱期间，不得随意触碰设备，不得妨碍飞行机组工作，关注飞行机组的工作及精神状态，发现异常，须及时与其他机组成员建立联系，果断处置。

⑥ 待飞行机组返回驾驶舱后，进入驾驶舱的乘务员方可离开。

2．机组服务注意事项

① 进入驾驶舱，应按照事先的联络暗号执行，防止有人尾随进入。

② 所有送入驾驶舱的餐具应在用完后及时收回，颠簸时禁止提供服务。

③ 与机组交流时，应确认机组工作情况，避免打扰机组正常飞行操作。

④ 如在驾驶舱不慎打翻饮料，乘务员需在机组人员的指导下予以清洁，切勿自行盲目擦拭，以免造成对仪表、仪器的间接损坏。

⑤ 剩余机组餐食（如图6-31），不能再次冷却后重复加热供应。

⑥ 为了飞行机组的安全，同一机组配备同一种餐食时，机长和其他机组成员的进餐时间需相隔一小时，供餐的时间应事先安排好，达成一致意见。

图 6-31　机组餐食

⑦ 飞行实施阶段，全程做好驾驶舱安全监控，禁止非飞机组人员进入。

⑧ 离开驾驶舱，应从观察孔观察外部情况，确认安全后，方可开门离开。

3. 进入驾驶舱的人员限制

下列人员可以进入飞机驾驶舱,但并不限制机长为了安全而要求其离开驾驶舱的应急决定权。

① 机组成员。

② 正在执行任务的局方监察员或者局方委任代表。

③ 得到机长允许并且其进入驾驶舱对于安全运行是必需或者有益的人员。

④ 经机长同意,并经合格证持有人特别批准的其他人员。

⑤ 被准许进入驾驶舱的非机组人员,应当在客舱内有供该人员使用的座位,但下列人员在驾驶舱有供其使用的座位时除外。

a. 正在对飞行操作进行检查或者观察的局方监察员或者经授权的局方委任代表。

b. 局方批准进行空中交通管制程序观察的空中交通管制员。

c. 合格证持有人雇用的持有执照的航空人员。

d. 其他合格证持有人雇用的持有执照的航空人员,该人员得到运行该飞机的合格证持有人的批准。

e. 运行该飞机的合格证持有人的雇员,其职责与飞行运作的实施或计划,或者空中监视飞机设备或者操作程序直接相关,此人进入驾驶舱对于完成其任务是必需的,并且已得到在运行手册中列出的有批准权的主管人员的书面批准。

f. 该飞机或者其部件的制造厂家技术代表,其职责与空中监视飞机设备或者操作程序直接相关,进入驾驶舱对于完成其职责是必需的,并已得到该合格证持有人在运行手册中列出的有批准权的运行部门负责人的书面批准。

思考题

1. 列举重要旅客的分类及服务要点。
2. 简述孕妇旅客的运输条件。
3. 简述无成人陪伴儿童旅客的运输条件。
4. 简述轮椅旅客的分类。
5. 简述盲人旅客的服务要点。
6. 简述聋哑旅客的服务要点。
7. 简述担架旅客的服务要点。
8. 简述晕机旅客的服务要点。
9. 简述为机组提供服务的注意事项。

【项目训练】

任务一:

1. 任务描述:航班 MF8147,航线:长沙—北京首都,机型:B737-800,飞行时刻:18:00—20:20,飞行时间:2 小时 20 分,旅客中有一名怀孕 28 周的孕妇旅客。

2. 要求:5~6 名学生为一组,模拟客舱乘务员,按乘务组岗位要求,根据客舱服务程序，完成孕妇旅客全程细微服务。

任务二：

1. 任务描述：航班 MU5403，航线：上海浦东—成都，机型：B737-800，飞行时刻：9:20—12:40，飞行时间：3 小时 20 分，旅客中有一名女性盲人旅客。

2. 要求：5～6 名学生为一组，模拟客舱乘务员，按乘务组岗位要求，根据客舱服务程序，完成盲人旅客全程细微服务。

任务三：

1. 任务描述：航班 FM9521，航线：上海虹桥—三亚，机型：B737-800，飞行时刻：16:05—19:20，飞行时间：3 小时 15 分，旅客中有一名 6 岁的无人陪伴男孩小旅客。

2. 要求：5～6 名学生为一组，模拟客舱乘务员，按乘务组岗位要求，根据客舱服务程序，完成无人陪伴儿童旅客全程细微服务。

任务四：

1. 任务描述：航班 ZH9156，航线：三亚—北京首都，机型：B737-800，飞行时刻：18:50—23:10，飞行时间：4 小时 20 分，由于全程航班较为颠簸，有一名旅客出现晕机状况。

2. 要求：5～6 名学生为一组，模拟客舱乘务员，按乘务组岗位要求，根据客舱服务程序，完成晕机旅客全程细微服务。

Chapter 07

单元 7

客舱服务管理

知识目标

1. 掌握颠簸的分类及处置程序。
2. 掌握文件、物品签收的要求及程序。
3. 掌握旅客机上物品摆放和管理规定。
4. 了解客舱乘务员值班的要求及值班乘务员的职责。
5. 了解乘务员加机组的规定,掌握乘务组交接的工作流程。
6. 了解混舱与超售旅客的服务要求,掌握服务流程。
7. 了解延误等待旅客的服务要求,掌握服务流程。

技能目标

1. 能按标准程序,完成不同类型机上颠簸的处置。
2. 能按标准程序,完成文件、物品的签收。
3. 能按标准程序,完成机供品交接、清点、摆放和回收。
4. 能按物品摆放管理规定,协助旅客摆放行李物品。
5. 能按服务标准,为混舱与超售旅客提供服务。
6. 能按服务标准,为航班等待/延误旅客提供服务。

7.1 颠簸处置

7.1.1 颠簸的分类及处置

飞机在飞行中受高空气流影响突然出现的忽上忽下、左右摇晃及机身振颤等现象,称为颠簸。颠簸按程度一般分为轻度颠簸、中度颠簸和严重颠簸三个等级。客舱与机组之间沟通时,要注意使用这三个颠簸等级技术语,判断颠簸的剧烈程度,并针对不同程度采取应对措施,见表7-1。

表7-1 颠簸的分类处置

等级	轻度颠簸	中度颠簸	严重颠簸
定义	轻微、快速而且有些节奏地上下起伏,但是没有明显感觉到高度和姿态的变化或飞机轻微、不规则的高度和姿态变化。机上乘员会感觉安全带略微有拉紧的感觉	快速地上下起伏或摇动,但没有明显感觉飞机高度和姿态的改变或飞机有高度和姿态的改变,但是始终在可控范围内。通常这种情况会引起空速波动。机上乘员明显到安全带被拉紧	飞机高度或姿态有很大并且急剧的改变。通常空速会有很大波动,飞机可产生很大波动,飞机可能会短时间失控。机上乘员的安全带被急剧拉紧
客舱内部反应	饮料在杯中晃动但未晃出,旅客有安全带稍微被拉紧的感觉,餐车移动时略有困难	饮料会从杯中晃出,旅客明显感到安全带被拉紧,行走困难,没有支撑物较难站起,餐车移动困难	物品摔落或被抛起,未固定物品摇摆剧烈,旅客有安全带被猛烈拉紧的感觉,不能在客舱中服务、行走
系好安全带灯	一声"系好安全带灯"铃响,系好安全带指示灯亮	两声"系好安全带灯"铃响,系好安全带指示灯亮	三声"系好安全带灯"铃响,系好安全带指示灯亮

续表

等级	轻度颠簸	中度颠簸	严重颠簸
餐车和服务设施	送热饮时需小心,或视情暂停服务,固定餐车和服务设施	暂停服务,固定餐车和服务设施	立即停止一切服务,立即在原地踩好餐车刹车,将热饮料放入餐车内或放在地板上
安全带的要求	提醒并检查旅客已入座和系好安全带,手提行李已妥善固定,抱出机上摇篮(如适用)中的婴儿并固定	视情况检查旅客已入座和系好安全带,手提行李已妥善固定,坐好安全带、肩带。抱出机上摇篮(如适用)中的婴儿并固定	马上在就近座位坐好,抓住客舱中的餐车,对旅客的呼叫可稍后处理
广播系统	客舱乘务员广播,视情况增加广播内容	机长或指定的飞行机组进行广播(若可能),客舱乘务员广播,视情况增加广播内容	机长或指定的飞行机组进行广播(若可能),客舱乘务员广播,增加广播内容和次数
安全带灯熄灭后	客舱乘务员巡视客舱,并将情况报告乘务长,乘务长向机长报告客舱情况,如机上有人员受伤,按照本手册急救章节的处置程序进行处置		

7.1.2 颠簸处置程序及操作细则

1. 可预知颠簸

在航前准备会上,飞行机组告知客舱乘务员所有颠簸信息,或在飞行中机组以安全带信号灯或使用内话系统提前告知客舱乘务员即将发生的颠簸信息。乘务长根据机组提供的航路信息,必要时可以调整服务计划。

(1) 轻度可预知颠簸处置

① 乘务长与机组确认颠簸时间、持续时长,了解预期强度及其他特别指示。

② 客舱乘务员及时对客舱进行颠簸广播提示,并检查旅客的安全带是否系好。

③ 整理、固定厨房物品。

④ 轻度颠簸可继续进行服务,但不提供热饮,防止烫伤旅客。

(2) 中度及严重可预知颠簸处置

① 停止一切客舱服务,及时向客舱进行颠簸广播提示。

② 确保客舱通道畅通,所有餐车推回服务间并固定。

③ 检查旅客的安全带是否系好。

④ 婴儿必须在成人系好安全带后方可抱妥,如时间允许,客舱乘务员最好取下婴儿摇篮并收回固定。

⑤ 暂停卫生间的使用,并确认每个卫生间内无旅客。

⑥ 发生颠簸,客舱乘务员应做好自身防护工作,客舱乘务员完成所有检查后,应立即回到服务间就座,并系好安全带。

2. 不可预知颠簸

当遇到突然发生的不可预知的颠簸时,客舱乘务员应立即固定自己,在客舱的乘务员口头提醒周围旅客系好安全带,直到"系好安全带"灯熄灭或接到通知。

① 乘务组及时对客舱进行颠簸广播提示,广播通知旅客就座并系好安全带。

如果停止服务,应对旅客进行广播,说明服务暂停的原因,将餐车踩下刹车固定或推回服务间固定。

② 靠近卫生间的客舱乘务员应敲门要求旅客抓紧扶手,或立即离开卫生间就近坐下,

并系好安全带。

③ "系好安全带"灯熄灭后或接到通知后检查旅客、机组人员和客舱情况，如发现有人员受伤，应按急救程序及时进行处置。

④ 客舱乘务员向乘务长报告客舱情况，乘务长向飞行机组报告受伤人数、伤害程度、急救药箱器具使用情况、是否需要到达站救护等信息。当因颠簸造成人员伤害时，客舱乘务长可向机长提出改航、返航的建议。

7.2 签收文件与物品

7.2.1 签收文件

1. 舱单交接

关舱门前，客舱经理/乘务长需确认地面通报人数与舱单显示是否一致。如出现旅客人数信息不一致，乘务组需及时向地面工作人员反馈，了解是否有已值机未到旅客，了解未到旅客具体情况，如人数、舱位、是否为重要旅客、旅客预计到达时间等（如图7-1），并上

图7-1 客舱乘务员需核对的舱单信息

报机长知晓。如已临近关舱门时间，旅客人数相关信息仍不一致，客舱经理/乘务长需将旅客信息及其他客舱准备情况上报责任机长，由责任机长进行决策。

2. 货物单据交接

（1）货物单据交接种类

货物单据主要有航空货运单、货邮舱单、无货舱单等，见表7-2。

表7-2 具体货物单据交接种类

航班性质	交接要求	
	有货	无货
国内航班	货邮文件袋（内含货邮舱单、航空货运单、航空邮件路单等）	无须提供
国际/地区航班	货邮文件袋（内含货邮舱单、航空货运单、航空邮件路单等）	无货舱单
国际航班国内段	国内始发站点提供始发站至境外目的地站的单据； 国内中转站提供中转站至境外目的站的单据； 境外回程由境外站点提供两段单据； 由于各地出入境单位具体交接要求及单据数量存在差异，具体交接要求详见各航线业务通告	

根据航班货物实际承运情况，由地面货运人员准备需交接的货物单据。航空货运单、航空邮件路单、货邮舱单需统一装订入文件袋中，其中货邮舱单/无货舱单可装订在业务袋外表面，国际航班无货邮运输时，需提供无货舱单。

（2）货物单据交接原则

① 乘务长仅需确认文件袋或无货舱单是否正常交接，无须核对单据种类、数量及内容，无须承担相关风险。

② 如果临近关舱门，需交接的货物单据仍未配送上机，乘务长应以航班正点为首要原则，立即通报运行控制中心（Airline Operational Control，AOC）的货运控制席，通报完成后正常执行关舱门程序，后续由货运控制席安排其他形式补充传输单据。

③ 若在单据交接过程中有其他问题，如航班达到目的站后，货物单据无人领取等，乘务长也应及时反馈至AOC的货运控制席。

7.2.2 机供品管理

1. 机供品定义

机供品指航班上为旅客服务时使用的饮料、酒类以及服务用具、用品等。

2. 机供品的航前交接、清点和摆放

（1）乘务长工作内容

① 按照"商务经济座配餐交接单"和"商务经济座机供品交接清单"清点商务经济座配餐和服务用品。

② 在客舱乘务员确认机组配餐后，在"航空餐食交接单"或相关配餐交接单上用正楷签字确认，并在签名旁注明接收餐食的时间。

③ 在客舱乘务员确认销售商品后，再次复核"机供商品交接清单"上的配备种类和数量，只需确认种类和数量是否能满足航班需求，无须确认机供品配备情况，确认无误后，在"机供商品交接清单"上用正楷签名，不得代签。

（2）客舱乘务员工作内容

① 按"航空餐食交接单"清点机组配餐，确认配齐后，交由乘务长签字。
② 按"机组人员机供品交接（回收）清单"清点服务用品，如出现少配情况，须向机供品人员反馈。
③ 取出客舱服务用品，对机供品进行摆放和清点。
④ 按照"机供商品交接清单"清点机供商品，确认后签字，交给乘务长复核并签字，如出现多配或少配，须向机供品人员反馈。

3．机供品回收

（1）乘务长工作内容
① 在客舱乘务员填写完"机组人员机供品交接（回收）清单"后，确认并签字。
② 乘务长核对"机供商品交接清单"各项数据无误后，在大写的上交金额后用正楷签字。

（2）客舱乘务员工作内容
① 客舱乘务员须将回收的服务用品用小垃圾袋装好放置于前服务间半餐车内，填写"机组人员机供品交接（回收）清单"，并交给乘务长签字。
② 后舱乘务员整理后舱未使用完的服务用品，并将后舱未使用完的服务用品在杂物收取前带至前舱。
③ 客舱乘务员须对机上销售商品进行归类，逐样进行清点，并填写"机供商品交接清单"，上交金额同时使用阿拉伯数字和大写数字填写。
④ 客舱乘务员对机上销售商品进行归类，逐样进行清点。

4．机供品回收原则

① 乘务长及各舱位负责人应秉承"诚实、节约"的原则，请客舱乘务员认真清点及回收。
② 秉承"归位回收、颗粒归仓"的原则。

5．机供品回收时间

① 在落地前回收机供品时，各舱位单据签收人对机供品、用具等进行清点，将不再使用的物品回收至餐车或储物格内，尽量做到物归原处，方便航机员清点。
② 对于下降及落地期间有可能使用的机供品，如矿泉水、水杯、毛巾等，可在落地后填写实际回收数量。

6．航班中各项单据签收责任人

① "餐食配备结算单""机上清洁用品配备、回收单"等单据统一由乘务长核对确认后签字。
② "随机供应品、服务用具配备、回收单""餐具、餐车配备、交接、回收单"由各舱位负责人核对确认后签字，但总负责人为乘务长。
③ 客舱经理/乘务长为主要责任人，对航班中任何机供品、餐食、清洁用品等单据签收后，负有监控落实的管理责任。
④ 单据签收人的责任：负责清点、核实、签收物品实际配备、回收情况，以诚信为本，对物品数量负责。

7．物品交接

空中保卫人员交接物品，航班结束机组准备下机前，空中保卫人员向乘务长报告器械齐全，乘务长确认空中保卫人员携带执勤器械包下机，且铅封完好，由双方在"航空空中保卫人员值勤日志"下方空白处予以签字。

7.3 旅客物品管理

客舱乘务员在接收旅客物品时要格外小心，协助旅客将物品放于行李架或座椅下方，切记行李架必须关牢。乘务员要全程对为旅客保管的物品负责，中途换组，原则上将物品归还旅客，并建议旅客亲自交下一航班的乘务组保管，以免丢失。

7.3.1 开关行李架

1. 打开行李架规范

① 打开除存放紧急设备以外的行李架。
② 打开行李架时，要做到姿势优雅，轻关轻放，动作完成后要注意整理自己的衣物。
③ 打开行李架前，应一手托住行李架一侧，另一只手先打开行李架的一条缝，确认无物品会掉落后，轻轻将行李架打开。
④ 打开行李架时，如影响到过道旅客的休息，应主动道歉，得到旅客的谅解。
⑤ 如行李架内物品较多，须提醒靠过道的旅客，颠簸时不要打开行李架，如需打开行李架前，应先一手托住行李架一侧，另一只手先打开行李架的一条缝，确认无物品会掉落后，轻轻将行李架打开，并确认旅客已理解。

2. 关闭行李架规范

① 及时整理行李架内的行李，不要把容易滴洒的液体、易滑落的密码箱摆在一起放置在行李架上，避免因旅客行李放置不合理影响旅客登机速度，行李架满后应及时关闭。
② 行李架关闭前，乘务员须对旅客行李的放置情况进行再次确认。

7.3.2 摆放行李

1. 协助旅客摆放行李

① 协助旅客摆放行李时，需对旅客的行李重量进行评估。
② 如乘务员无法保证摆放行李时的绝对安全，须告知并要求旅客共同摆放行李，摆放过程中提醒旅客切勿松手。
③ 乘务员与旅客共同摆放行李过程中，需对所放行李架范围内的旅客进行语言提醒。

2. 行李安放规范

① 乘务员需主动协助旅客安放行李，轻拿轻放。
② 关闭行李架时，应单手关闭，动作要轻柔，并确认行李架边缘是否关好。
③ 当旅客座位上方行李架已满时，与旅客协商将行李放在其他行李架上，尽量安排在旅客前方的行李架上，并让旅客确认存放位置，提醒旅客取出贵重物品，下机时不要忘记拿取。
④ 避免将行李存放在距离旅客座位过远的行李架上，尤其是老年旅客的行李，要尽量

放置在其座位上方的行李架上或前排座椅下，避免因其本人无法照看而造成安全隐患。

⑤ 需要协助旅客保管行李时，需主动提醒旅客取出贵重物品，询问有无易碎物品，并记录旅客的座位号、存放位置，填写"贵重物品/易碎品免责单"。

⑥ 乘务员在引导旅客登机时，应充分尊重旅客的个人意愿和习惯，避免过度积极地协助其安放行李，避免站在旅客旁等待，产生被催促感。

⑦ 旅客的座椅前方或脚边的空地上不得存放任何形式的包或袋子。主动提示旅客将手提行李存放在行李架上或前排座椅下方。及时提醒旅客将大件物品存放在行李架上，小件物品，如水果、小推车等可放在前排座椅底下，及时疏通过道，不推搡旅客，注意说话语气及态度，不吆喝、不生硬，随时注意自身在疏通过道或协助旅客安放行李时是否堵住过道。

⑧ 当旅客需要临时提取行李并打开行李架时，乘务员不要急于立刻关闭行李架，给旅客预留一定时间，即使旅客需要协助关闭行李架，也需征得旅客的同意后才能关闭。

⑨ 重要旅客的行李不要擅自搬动。

⑩ 乘务员需主动协助就座于经济舱的 VIP/CIP、金银卡、特殊旅客安放行李。

⑪ 如手提行李超大，报告机长通知地面工作人员办理托运手续，并提醒其取出贵重物品和易碎物品自行保管，手续办完后及时、准确地将托运行李票送给旅客。

⑫ 为保障飞行安全及航班正点，乘务员如遇在客舱内为旅客办理三超行李托运的情况时，须及时询问旅客托运的行李中是否有锂电池或者含锂电池的设备。如有，乘务员须请旅客当面拿出并随身携带，如旅客确认没有，则交与地面人员进行托运。

⑬ 手提行李不得放在过道、出口及没有固定装置的隔间，发现旅客座椅前放置的行李物品过大影响就座时，可主动协助旅客安放行李，或调整旅客的座位。

⑭ 存放应急设备的行李架不可放置任何行李。

⑮ 对于特殊旅客及需要帮助的旅客，乘务员应主动协助其安放行李，对于携带小孩的旅客，将旅客航程中所需要的物品存放在前排座位下，以方便取用。

⑯ 旅客携带的手杖、拐杖、长柄伞等由乘务长暂时代替保管，存放于衣帽间或封闭的餐车内，并在落地后予以归还。

3. 旅客物品管理规定

① 乘务员在协助旅客放置物品时，要格外小心，帮助旅客将物品放于行李架或座椅下方，注意行李架必须关牢，行李物品的放置要符合安全规定。

② 为旅客保管衣物或挂衣服时，需确认衣服口袋内没有贵重物品，并将旅客的登机牌放置在旅客的衣服口袋内。

③ 对于保管的物品，乘务组要全程负责，乘务员中途换组，原则上将物品归还旅客，并建议旅客亲自交下一航班的乘务组保管。

7.3.3 旅客物品遗失处置

1. 旅客物品遗失在客舱内

① 向失主了解具体情况。

② 如遗失在客舱内，协助其查找遗失物品。

a. 找到遗失物品的，及时将物品交还失主。

b. 未找到遗失物品的，由广播员进行"寻找失物"广播。如仍未找到，与旅客做好沟通，安抚旅客，如需与地面商务进行交接的，须填写"机上事件与地面交接单"。

③ 乘务长将事情经过详细记录在"乘务长日志"的"特殊情况"栏中。

④ 如失主认为是机上盗窃事件，要求联系机场警方时，须将具体情况报告机长，通知机场警方处理，并在落地后将"机上案事件移交单""证人证言"等材料移交机场警方处理，当机场警方提出协助要求时，配合其进行处理。

2. 旅客物品遗失在客舱外

① 向失主了解具体情况。

② 登机时，如旅客发现物品遗失在客舱以外的地方，如安检口、登机口等，在有地面商务人员的情况下，须通知商务或机场代理代为寻找。

③ 商务或机场代理不在场的情况下，由乘务员代为寻找。如旅客坚持要下机寻找，商务或机场代理在场时，必须由商务或代理陪同；商务或机场代理不在场时，必须由乘务员陪同，且必须在关舱门前登机，不得造成航班延误，并且要预留充分的时间进行复点人数。

　a. 找到遗失物品的，及时将物品交还失主。

　b. 未找到遗失物品的，与旅客做好沟通，安抚旅客，如旅客还有疑问，告知旅客可联系机场失物招领处。

　c. 乘务长将事件详细记录在"乘务长日志"的"特殊情况"栏中。

④ 登机完毕或即将完毕，且舱门即将关闭时，如旅客发现物品遗失在客舱以外的地方，乘务员须与旅客做好沟通，安抚旅客，如旅客还有疑问，建议旅客可联系机场失物招领处。

⑤ 如遗失在始发地的，与旅客做好沟通，安抚旅客，告知旅客落地后可联系始发地机场失物招领处。乘务长将事情经过详细记录在"乘务长日志"的"特殊情况"栏中。

⑥ 如旅客为寻找遗失物品愿意放弃乘机的，前舱安全员必须先报告机长，机长同意后，旅客方可下机，安全员必须做好清舱工作。

⑦ 乘务长将事情经过详细记录在"乘务长日志"的"特殊情况"栏中。

⑧ 前舱安全员将事件记录在"航空安全员日志"中。

7.4 客舱乘务员管理

7.4.1 客舱值班管理

为了确保乘务员体力的合理分配，同时给旅客提供优质的服务，保证旅客长途旅行的休息，航空公司对乘务值班做出了具体规定。

1. 客舱值班原则

在整个飞行过程中，客舱乘务长负责客舱的管理工作。

① 由乘务组对乘务员的值班顺序进行统一、合理安排，以确保客舱中有足够数量的乘务员能用指定语言与机组成员沟通，同时填写"值班表"。

② 各舱位至少有一名乘务员值勤，当 C 舱旅客人数超过 15 人时，乘务长可根据情况安排 2 人进行值班，分别负责驾驶舱和客舱的服务和安全工作。

③ 值班轮换可根据飞行时间分为两班轮换制或三班轮换制，值班时间以 2 小时为宜，乘务长可根据实际情况适当调整。
④ 交接班人员必须完成当面交接，接班人员上岗前必须进行妆容整理。
⑤ 值班员不得在旅客座椅上就座，值班期间不得看书报杂志、聊天。

2. 值班员安全职责

① 负责本区域内紧急和非安全事件的处理及报告，负责通知乘务长、空中保卫人员，同时叫醒在休息区的乘务员进行协助。
② 前舱值班员负责每隔 30 分钟与驾驶舱进行一次必要的沟通或提供服务，并遵照机组要求进行机组换班提醒。
③ 负责对厨房设备如冷风机、烤箱、热水器等设备的监控。
④ 负责加强对特殊旅客，如偷渡遣返者、醉酒者等旅客的关注，客舱出现非正常事件，值班员应及时通知空中保卫人员进行处理。
⑤ 负责阻止旅客出现长时间滞留在厨房、占用乘务员座椅、在门边躺卧等影响安全的行为，并委婉地制止旅客进入厨房，避免造成不良影响。
⑥ 值班员在巡视客舱时，应多注意观察特殊旅客，特别是老年旅客，以防止长途旅行中因经济舱综合征引起的意外，对于身体不适的旅客，及时提供协助。

3. 值班员服务职责

① 原则上，服务结束后客舱乘务员应不间断巡舱，为旅客提供细微服务，随时满足旅客的需求，尤其要注意未用餐的旅客，根据旅客需求，建议每隔 30 分钟左右提供冷热饮，夜航旅客休息期间，巡舱间隔最长不得超过 5 分钟。
② 负责在值班期间保持工作区域内的整洁卫生，及时打扫卫生间，并添补卫生间内的物品。
③ 最后一轮值班人员负责和机组确认到达时间，以免到达时间误差太大，影响二餐供应或其他相关工作。
④ 负责在二餐供应前做好餐食、酒类、饮料等物品的准备。
⑤ 负责补充吧台物品。
⑥ 负责监控录像节目的播放。
⑦ 因机型设备限制，为保证二餐餐食质量，负责每隔 2 小时换一次二餐干冰。
⑧ 根据各机型标准进行灯光调节。

7.4.2 乘务员换组交接管理

1. 过站航班乘务组交接程序

① 负责交接的乘务组于飞机降落前准备好需要交接的相关信息及内容。
② 负责接收的乘务组于飞机落地前到达指定位置等待，如廊桥下或登机口。
③ 到达站旅客下机后，负责交接的乘务组执行过站广播。
④ 负责交接的乘务组完成客舱清点与检查，并向负责接收的乘务组发出可以登机接收的示意信号。
⑤ 负责接收的乘务组登机。
⑥ 两组关键号位进行交接，如客舱经理、各区域负责人、两舱乘务员。

⑦ 负责接收的乘务组确认后，负责交接的乘务组离机。

2. 过站航班乘务组交接内容

负责交接的乘务组在过站期间，着重交接以下内容，见表 7-3。

表 7-3 乘务组过站交接内容

序号	内容	要求
1	单据	舱单、货单、总申报单（GD 单）、旅客名单、机组出入境登记表、各类文件、资料、入境卡、喷药等
2	过站旅客人数	舱单过站人数、机上旅客实际人数
3	特殊旅客	特殊旅客座位号、服务注意事项等
4	客舱设备故障	填写 CLB，以口头形式提醒
5	机供品情况	是否需要添补机供品或物品使用情况
6	其他注意事项	以上五项为必须交接的部分，但不限于此。可根据实际情况对交接机组进行其他提示补充

3. 旅客不下机时人数交接的重点说明

（1）负责交接的乘务组执行防范程序

① 落地后，在本站旅客下机时，负责交接的乘务组送客期间需同时清点下机人数，并核查下机旅客登机牌或逐个询问，由客舱经理根据下客舱门安排专人负责。送客道别时，对下机旅客进行目的地提示，尤其是对于老年旅客、语言不通等特殊人群，避免过站旅客提前下机。

② 本站旅客下机完毕后，执行过站旅客是否下机广播。

③ 执行清点人数广播。

④ 负责交接的乘务组由乘务长组织，由后舱乘务员负责从后往前清点机上实际人数，并安排人员在客舱中进行过站旅客登机牌检查确认。

⑤ 告知负责接收的乘务组机上实际人数和其他交接内容，等待负责接收的乘务组确认完毕后，方可离机。

（2）负责接收的乘务组执行确认程序

① 在负责交接的乘务组完成客舱清点/检查并示意许可后登机。

② 两组乘务长交接过站不下飞机的实际旅客人数。

③ 负责接收的乘务组进行机上实际人数清点，由后舱乘务员负责从后往前清点机上实际人数与负责交接的乘务组所交接人数一致即可。

④ 负责接收的乘务组乘务长核实舱单等信息资料。

a. 机上实际人数大于舱单显示过站人数时，负责接收的乘务组应核对旅客登机、客舱巡视提醒等，重点核对外籍旅客、老年旅客、无人陪伴儿童等。

b. 机上实际人数小于舱单显示过站人数时，负责接收的乘务组应及时通知地面场站人员，便于地面人员在到达厅、中转厅等处查找，或重新修改舱单。

⑤ 本站旅客登机后，关舱门前，应确保机上所有旅客与舱单总人数、地面交接人数保持一致。

（3）责任划分

① 负责交接的乘务组如未执行防范程序和交接动作，负有一定责任。

② 负责接收的乘务组对最后关舱前总人数清点负主要责任。

4. 机供品航后的交接

① 乘务长与机供品交接员交接剩余机组服务用品和商务经济舱服务用品。

② 乘务员与机供品交接员交接剩余机上销售商品，并在"机供商品交接清单"上签字确认。

7.4.3 乘务员加机组管理

乘务人员因出差、请假或执行其他公务等原因需乘坐集团内航班时，可申请加入机组。乘务人员凭已审批完毕的请假审批单或出差派遣单复印件向属地乘务助理申请办理加机组手续。

1. 加入机组的人员范围

① 执行任务的空勤人员、飞行翻译、需跟班对空勤人员检测的航医。

② 为飞机排故、放行及执行紧急航材调拨等，派往异地的维修人员。

③ 公司安全监察部负责空防安全保卫工作的人员，简称保卫人员及安全督察员。

④ 局方派出的执行安全检查或运行监察任务的人员。

⑤ 持有"中国民用航空总局特别工作证"的民航领导、公安部领导和负责航空安全的有关人员。

⑥ 参加航线实习的空中交通管制员、飞行签派员、航行情报员和气象预报员，以及航务管理部门负责航行工作的领导。

⑦ 公司领导特别批准的其他可以加入机组的人员。

2. 加机组人员的证明和证件

各类加机组人员需持有或办理的证件和证明，见表7-4。

表 7-4 各类加机组人员需持有或办理的证件和证明

序号	加机组人员类别	需持有或办理的证件和证明
1	空勤人员	"空勤登机证"
		"飞行任务书"
		盖有"加机组"字样的登机牌
2	飞行翻译和航医	"飞行任务书"
		"公务乘机证明"
		"中国民航公务乘机通行证"
3	飞机维修人员	"工作证"
		"公务乘机证明"
		"中国民航公务乘机通行证"
		"飞行任务书"
4	公司保卫人员和安全督察员	"工作证"
		"公务乘机证明"
		"中国民航公务乘机通行证"
5	参加航线实习的人员	"工作证"
		"公务乘机证明"

续表

序号	加机组人员类别	需持有或办理的证件和证明
5	参加航线实习的人员	"中国民航公务乘机通行证"
		"航线实习任务书"
6	其他人员	局方有关部门或本公司领导的"特批件"
		"工作证"
		"公务乘机证明"
		"中国民航公务乘机通行证"

备注：1."公务乘机证明"：是指由公司运行控制中心或签派代理单位出具的乘机凭证。
2."中国民航公务乘机通行证"：是指由中国民用航空总局公安局统一印制，由各民航单位公安保卫部门签发的加入机组的通行证明。

3. 加机组乘机手续办理

① 由于不同机场的加机组程序不同，乘务员在加机组时，须按照当地机场的要求办理加机组手续并出示相关证件。

② 乘务员必须确认加机组可成行后，主动配合值机、安检等机场人员的工作，按照大件行李物品托运等乘机规定办理行李托运，避免因行李托运而造成航班延误等不良影响。

③ 加机组前，确认着装要求，并且向安检人员出示具有加机组人员名字的任务书，加入机组的人员均经过安检部门的安全检查，方可登机。

④ 除执行当班飞行任务的飞行翻译外，所有加机组人员必须遵循旅客优先的原则，并最后登机。

4. 加机组客舱管理规定

① 加机组人员在登机前应将加机组文件和证件交给安全员，安全员负责查验其有效性并核实身份后，报告机长，通知乘务组。

② 机组获知有加机组人员时，应通知安全员查验加机组人员的加机组文件和证件的有效性，并核实其身份。

③ 乘务长在得到机长允许加机组人员乘机后，负责安排加机组人员的座位。

④ 正常情况下，加机组人员不应被委派承担安全相关职责。

⑤ 加机组人员使用乘务员座位，不能妨碍客舱乘务员执勤。

⑥ 使用乘务员座位或客舱座位的加机组人员，应遵守旅客告示和广播介绍的安全须知。

7.5 旅客与航班不正常服务与管理

7.5.1 混舱与超售旅客管理

因航班机型变更、机务维修、天气等不可抗原因造成航班座位无法满足旅客所持客票舱位等级座位要求，在航班起飞前90分钟至航班截载，在低等级舱位超售但高等级舱位仍有空余座位的情况下，为部分旅客免费由低等级舱位变更至高等级舱位的被动升舱，形成了混舱。

1. 混舱旅客机上服务标准

升舱旅客服务标准尽量与升舱后舱位标准保持一致。

① 如果公务舱有真公务舱旅客,则升舱的所有旅客按照公务舱餐食和服务标准保障。若地面升舱后已无时间加配公务舱餐食,并且公务舱备份餐食数量不够,对于所有地面免费升舱的旅客,仍按原舱位餐食标准发放餐食,其他服务项目与公务舱标准保持一致。

② 如果公务舱没有真公务舱旅客,则对于地面免费升舱旅客,全部按经济舱配餐保障,其他服务项目与公务舱标准保持一致,VIP等特殊通知的情况除外。

③ 公务舱旅客和升舱的内部员工或座位安排在一起,遇到公务舱旅客询问时,应注意语言技巧,可回复因网上购票的人数较多,出现了本航班经济舱座位满员的情况,坐在您旁边的是公司员工。

2. 混舱旅客服务注意事项

为避免正价高舱位旅客的投诉,乘务长在对升舱旅客座位进行安排时,应尽量选择远离正价高舱位旅客的座位,如正价高舱位旅客对升舱旅客食用餐食不同有疑问时,可解释因地面临时升舱,地面保障时间有限,未能保障高舱位餐食。

7.5.2 航班等待/延误旅客管理

航班延误是指由于各种原因,飞机不能按照公布的时刻起飞,造成延误或取消当日飞行。关于如何安排航班延误在机上等候的旅客,各航空公司都有相应的政策。

因航班延误造成旅客在机上等候的,客舱乘务员不向转机的旅客许诺会有中转的航班等待旅客,应告知旅客到达时与地面工作人员联系。同时,根据航空公司班期时刻表或指南,尽可能为旅客提供帮助,由旅客自行决定乘坐的下一航班。

1. 旅客未登机前

若航班延误等待发生在旅客未登机前,乘务组管理需注意如下事项。

(1) 沟通 乘务长与机组、地服、航食、客舱及相关单位协调航班保障情况。

(2) 通报 将延误原因、旅客信息等情况通报组员。

(3) 布置 调整服务预案,明确服务要求。

(4) 落实 了解旅客登机前的准备情况。

2. 旅客登机后

若航班延误等待发生在旅客登机后,乘务组按如下程序处置。

(1) 广播

① 飞行机组广播的要求。

a. 当超过飞机起飞时间 10 分钟时,进行首次延误广播。

b. 在滑行道上等待超过 20 分钟,进行致歉广播。

② 乘务组广播的要求。

a. 要求每次延误致歉广播都应及时、有实质性的进展,或给予旅客明确的延误情况说明。例如:"由于机场流量控制,每架飞机的起飞间隔为 5 分钟,目前我们的飞机排在第 6 位","由于飞经××地上空雷雨,现在进行流量控制,现在没有具体等待时间"等。

b. 乘务组在广播时,要能够换位思考,从旅客的角度出发,合理说明延误的具体情况,尽量使用旅客容易理解的语言方式。

c. 及时与飞行机组沟通协调，尽量要求飞行机组进行广播，因为飞行机组广播的效果好于乘务组广播的效果。

③ 广播时机。

a. 当超过飞机起飞时间 10 分钟时，主动与飞行机组协调沟通，确认延误原因、预计等待时间，并提醒机组进行首次致歉广播。

b. 当机组广播后，如乘务组需要进行服务类的广播提示，可进行再次广播。

c. 如飞行机组繁忙，无法及时广播致歉，则由乘务组进行首次致歉广播。

d. 遵循每 20 分钟广播通报一次的原则。

e. 如获得最新情况进展，应立即进行广播，不受上述间隔时间的限制。

④ 其他注意事项。

a. 在航班延误时，除客舱广播外，乘务组员应及时在客舱内安抚旅客的情绪。

b. 因大部分旅客掌握的航空知识较少，在为旅客解释延误情况时，应尽量将具体延误的信息解释清楚，使旅客真正明白延误的原因。

c. 如遇军事演习等方面的原因导致的延误，乘务长应请示机长后，酌情广播告知旅客延误原因。

d. 若在延误期间旅客要求下机等待或终止行程，乘务长应广播告知旅客不安排下机的原因，如"只有旅客上齐舱门关闭后我们的航班才能向塔台请示起飞，这时才能获知是否需要等待"，"如果现在下机，我们需要重新排队，终止行程还需要查找行李，这样耗费的时间更长，或需要等待更长时间"。

e. 乘务长应根据延误时间长短提供服务，采取弥补措施。

(2) 安抚

航班延误时，乘务组要特别注意机上旅客的情绪，服务更要有耐心。

① 根据客舱氛围和旅客需求，在不影响航空安全的前提下，第一时间为旅客打开卫生间及播放客舱娱乐节目。

② 客舱乘务员进行不间断巡舱，并根据延误时间为旅客提供矿泉水、茶水、小吃等。

③ 乘务长必须巡视客舱，解答旅客的疑问，安抚旅客的情绪。

④ 为旅客提供报刊服务。

⑤ 为休息旅客提供毛毯服务。

⑥ 记录旅客的需求，及时反馈给乘务长。

(3) 处置

① 解答疑问、满足要求、及时汇报、随时沟通时，乘务组保持口径一致。

② 确保广播及时准确。

③ 对于特殊旅客，如公务舱旅客、VIP、无人陪伴老年旅客、儿童、孕妇、伤残旅客等，需有专人负责监护。

④ 信息通畅。空中、地面需及时沟通，相互通报旅客所反馈的问题。

⑤ 尽力帮助转机旅客。与相关部门取得联系，落实旅客后续航班的转乘情况，将信息及时告知旅客本人。

(4) 实施

航班延误情况下的服务，要注意合理分工。

① 根据旅客的需求，在不影响飞行安全的前提下，第一时间为旅客打开卫生间及播放客舱娱乐节目，窄体机播放时应选择适中的音量，以免影响旅客休息。宽体机娱乐系统在"安全须知"播放后开启。航班延误期间，乘务组可及时向旅客介绍娱乐系统使用方法，着重针对老年人、儿童等特殊旅客，为休息旅客关闭娱乐系统屏幕，保证其不受屏幕光线的干扰。

② 航班不正常期间，乘务长必须合理地将客舱乘务员安排在客舱工作，要求服务间和应急出口区域必须有客舱乘务员进行监控。

③ 若地面等待正值用餐时间，乘务长有权决定是否需要增配餐食。

3. **航班延误服务规范**

① 舱门不能在规定时间范围内关闭或关闭舱门后不能在规定时间内起飞的，乘务长应及时与驾驶舱沟通，掌握推迟的原因，并通过广播通知旅客。

② 因特殊原因等待，乘务长应与机长保持联系，并根据等待的时间长短，向旅客提供相应的服务。

③ 旅客登机后，需重新到候机室等待，乘务员应了解旅客的特殊要求，由乘务长根据情况与地服工作人员协商解决。

④ 积极与地面人员配合，力求减少不必要的延误或等待时间。

⑤ 旅客登机后，遇有再次验票，乘务长应配合地面服务人员，广播通知旅客准备好登机牌。

⑥ AOC是公司航班延误信息发布的核心单位，所有对外发布的延误信息必须与其一致。有权代表公司向旅客通报延误信息的部门（人）是：机场（本站）—地面服务部门；机场（外站）—机场代办或服务代理；机上—机长。

4. **延误/等待旅客自行终止行程管理**

在规定时间范围内舱门不能按时关闭的，乘务长应掌握推迟的原因，及时广播通知旅客。因特殊原因等待的，乘务长应与责任机长保持联系，并根据等待的时间长短，向旅客提供服务。

① 当航班完成地面保障关舱门后，如果旅客提出自愿终止行程时，乘务员需主动告知旅客，由机长根据航班情况决定旅客是否可以终止此次行程，并及时了解旅客是否有托运行李等信息。

② 乘务长将旅客提出终止行程的信息通报机长后，由机长根据航班情况决定是否同意旅客终止行程，以确保航班不会再次延误。

③ 当旅客询问其终止行程后的客票是否可以退改签时，乘务员可告知旅客，由地面人员根据旅客客票的具体信息进行办理，机上无法给予其最终答复。

思考题

1. 机上颠簸一般可分为哪几类？
2. 旅客物品遗失在客舱内应如何处置？
3. 旅客物品遗失在客舱外应如何处置？

4. 什么是混舱旅客？

5. 简述航班延误等待发生在旅客登机后，乘务组的处置程序。

【项目训练】

任务一：

1. 任务描述：航班 MF8147，航线：长沙—北京首都国际机场，机型：B737-800，飞行时刻：18:00—20:20，飞行时间：2 小时 20 分。乘务员在发餐过程中，由于气流影响，导致飞机出现中度颠簸。

2. 要求：5～6 名学生为一组，模拟客舱乘务员，按乘务组岗位要求，根据客舱服务程序，完成中度颠簸服务工作。

任务二：

1. 任务描述：航班 MU5403，航线：上海浦东—成都，机型：B737-800，飞行时刻：9:20—12:40，飞行时间：3 小时 20 分。飞行途中有一名旅客的物品遗失。

2. 要求：5～6 名学生为一组，模拟客舱乘务员，按乘务组岗位要求，根据客舱服务程序，完成旅客物品遗失服务工作。

任务三：

1. 任务描述：航班 FM9521，航线：上海虹桥—三亚，机型：B737-800，飞行时刻：16:05—19:20，飞行时间：3 小时 15 分。航班为过站航班。

2. 要求：5～6 名学生为一组，模拟客舱乘务员，按乘务组岗位要求，根据客舱服务程序，完成过站航乘务组交接程序。

任务四：

1. 任务描述：航班 UQ2505，航线：乌鲁木齐—郑州，机型：B737-800，飞行时刻：10:00—13:50，飞行时间：3 小时 50 分。因航空管制原因，飞机不能起飞。

2. 要求：5～6 名学生为一组，模拟客舱乘务员，按乘务组岗位要求，根据客舱服务程序，完成航班延误服务工作。

单元 8

特殊飞行注意事项

知识目标

1. 了解高原机场和高高原机场的概念。
2. 了解执飞高原机场和高高原机场的要求。
3. 了解节日飞行的特点和节日飞行的注意事项。
4. 了解夏季飞行客舱安全注意事项。
5. 了解冬季飞行客舱安全注意事项。

 技能目标

能运用服务技能，按照乘务工作规范和流程，组织和实施高原地区、节日、夏季、冬季飞行时的客舱服务工作。

8.1 高原飞行

8.1.1 高原机场和高原反应

高原机场包括一般高原机场和高高原机场。与之相应，涉及高原机场和高高原机场的航线又称为高原航线和高高原航线。

1. 一般高原机场

一般高原机场指海拔在 1500 米（4922 英尺）及以上，但低于 2438 米（8000 英尺）的机场，国内一般高原机场见表 8-1。

表 8-1　国内一般高原机场

城市	机场名称	城市	机场名称
攀枝花	保安营机场	大理	荒草坝机场
西昌	青山机场	保山	保山机场
腾冲	驼峰机场	张掖	甘州机场
邵通	邵通机场	西宁	曹家堡机场
文山	普者黑机场	武威	武威机场
昆明	长水机场	兰州	中川机场
丽江	三义机场	嘉峪关	嘉峪关机场
临沧	临沧机场	固原	六盘山机场

2. 高高原机场

高高原机场是指海拔在 2438 米（8000 英尺）及以上的机场，国内高高原机场见表 8-2。从世界范围来看，高高原机场主要分布在中国、尼泊尔、秘鲁、厄瓜多尔等国家。而全球海拔最高的 10 座机场里有 8 座就在中国，这 8 座机场都位于青藏高原，其中位于四川省的稻城亚丁机场是全世界海拔最高的民用机场，其海拔达到了 4411 米（如图 8-1）。

表 8-2　国内高高原机场

城市	机场名称	城市	机场名称
稻城	稻城亚丁机场	昌都	邦达机场
日喀则	和平机场	阿里	昆莎机场
林芝	米林机场	迪庆	香格里拉机场
拉萨	贡嘎机场	玉树	巴塘机场
康定	康定机场	格尔木	格尔木机场
九寨	黄龙机场	那曲	那曲机场

图 8-1　稻城亚丁机场

由于高高原地区空气稀薄，空气密度小，阻力也小，而且相同的速度下，飞机机翼获得的升力也较平原机场小，因此飞机在高高原机场起降滑跑的距离都很长，这就决定了高高原机场必须拥有较长的跑道。事实上，高高原机场的跑道长度都在 4000 米以上，其中位于西藏自治区的昌都邦达机场拥有全世界最长的民用机场跑道，长度达到了 5500 米（如图 8-2）。

3．高原反应常识

高原反应是指人到达一定海拔后，身体为适应因海拔升高而造成气压差、含氧量少、空气干燥等变化，而产生的自然生理反应。海拔一般达到 2700 米左右时，就会有高原反应。

（1）高原反应症状的一般表现

高原反应症状的一般表现有：头痛、气短、胸闷、厌食、微烧、头昏、乏力等。

部分人会因含氧量少而出现嘴唇和指尖发紫、嗜睡、精神亢奋、睡不着觉等不同表现。

严重的高原反应比如出现浮肿、肺水肿、重感冒等症状。

当出现严重的高原反应症状时，一定要立即到医院采取输液、吸氧等治疗。

（2）缓解高原反应症状的措施

建议初到高原地区，不可疾速行走，更不能跑步或奔跑，也不能做体力劳动，不可暴饮暴食，以免加重消化器官的负担，不要饮酒和吸烟，多食蔬菜和水果等富有维生素的食品，适量饮水，注意保暖，少洗澡以避免受凉感冒和消耗体力。

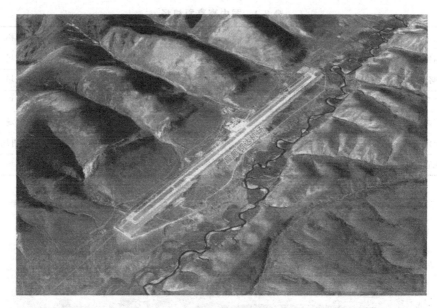

图 8-2 昌都邦达机场跑道

8.1.2 航前乘务员专项准备要求

航空公司一般会从机长教员等技术等级较高的飞行员中选拔参与高高原航线飞行的机长和副驾驶。执飞高高原机场的飞行员需具备风切变、客舱释压、单发飘降、襟缝翼卡阻等各种高高原特情处置的能力。此外，民航局规定高高原航线运行需配备双机长，平原航线一般只需要一名机长、一名副驾驶，而高高原航线需要两名机长、一名副驾驶，目的也是进一步保障高高原航线的飞行安全。

乘务组在执飞高原和高高原航班任务时，航空公司也制定了更高的标准和要求。

1. 乘务组准备

在执行高原航班的航前准备会上，乘务组必须进行专项准备。需要提前准备和熟悉的主要工作有以下几个方面。

① 旅客供氧系统及手提式氧气瓶的使用方法和注意事项。
② 机上旅客缺氧救护的处置程序。
③ 客舱释压的处置程序。
④ 有/无准备的紧急撤离处置程序。

2. 机上设备专项检查要求

① 航前认真检查紧急设备，着重检查氧气瓶，要求负责检查的乘务员取下氧气瓶进行检查。
② 确认医疗药箱、紧急药箱和氧气瓶存放位置及是否在有效期内。

3. 乘务员自身健康要求

① 乘务员次日执行高原航班，需要保证 10 小时充足的睡眠，并且执行航班前 24 小时内不得饮用任何含酒精的饮料。
② 航前乘务员必须用餐，多食蔬菜和水果等富有维生素的食品，不得空腹飞行。
③ 执行航班过程中，乘务员应适量饮水，使体内保持充足的水分。

8.1.3 执飞高原和高高原机场的要求

1. 机组协同

客舱经理/乘务长在航前机组协同时，必须与飞行机组协调并确定飞机下降至 3000 米高度所给出的信号，便于把握提示广播的时机。

2. 空中服务注意事项

空中服务时，客舱广播词需增加高原飞行时的提示广播。

① 落地前 20 分钟，乘务员完成所有安全检查工作后，应在指定位置坐好。飞机下降至 10000 英尺（3048 米）高度时，飞行机组将按照航前协调的信号通知乘务组，此时乘务员应立即对旅客进行下降前"高高原飞行下降广播"，一般高原机场则不需要进行此广播。

② 飞机降落后，乘务员需进行"高原机场飞行落地后广播"。此广播在落地道别广播之后进行，乘务组在执行一般高原或高高原航线时均须进行此广播。

③ 旅客容易出现高原反应，乘务员在服务时应注意观察，主动进行指导，并及时为旅客提供清洁袋、纸巾等物品。

【知识卡片】

经特殊改装执行高高原航线的飞机

高高原机场的一大特点是海拔高、空气稀薄、空气密度小。因此，普通民航客机在高高原机场上起飞的时候，发动机会因为没有足够的空气而导致性能急剧衰减，再加上空气密度小、机翼的升力系数小，这就导致了飞机如果使用和平原机场相同的起飞推力的话，起飞滑跑距离会大大加长。比如用于执行高高原航线的空客 A319，用的是和 A320 同款的 CFM-56 发动机，推力达到 2.7 万磅，而普通的空客 A319 飞机的推力只有 2.4 万磅。所以，执飞高高原航线的飞机，发动机都要经过改装，换装推力更大一号的发动机才行。

常见的高高原机型有 B737-700 和空客 A319，到目前为止国内绝大多数的高高原航线都是由空客 A319 来飞的，其中主要以中国国际航空公司和四川航空为代表，当然也有用 B737-700 来飞高高原航线的，以厦门航空和昆明航空为代表。

高高原机型与普通客机的另外一点不同在于它的氧气系统。普通航线如果在巡航高度发生客舱释压，位于每个座椅上方的氧气面罩会自动脱落下来，机载制氧系统会通过化学制氧的方法为每个氧气面罩提供氧气，机载制氧系统提供的氧气可供全机人员呼吸 15～20 分钟，在这段时间内，飞行员会尽快把飞机的飞行高度降低到海拔 3000 米以下，否则乘客就有缺氧窒息的危险。

但高高原航线就不一样了，客舱如果在巡航高度发生客舱释压，由于地形限制，飞行员是无法在短时间内将飞机飞行高度降低到海拔 3000 米以下的。高高原机型的机载制氧装置必须能提供较长时间的氧气供全机氧气面罩使用。因此，高高原机型一般采用高压氧气瓶供氧，而非普通客机所采用的化学制氧的方式，因为传统的化学氧气发生器在长时间制氧的过程中会发热，影响飞行安全。高高原机型的氧气瓶安装在飞机的腹舱中（如图 8-3），一般情况下，高高原机型的氧气面罩释放的氧气可供全机人员呼吸 60 分钟。

此外，由于高高原航线使用的飞机需要经过特殊改装，其维护保障成本就高于一般飞机。加上高原地区空气稀薄，使飞机的有效商载降低，载客量减少，因此分摊到每个乘客身上的费用就更高。而且，根据民航局规定，高原飞行必须配备双机长以应对复杂的情况，而

图 8-3　安装在飞机腹舱中的氧气瓶

机长和副机长的薪酬差不多要相差一倍。这些原因也使得高高原航线的机票比普通航线的机票要贵。

【案例资料】

3U8633 航班英雄机长刘传健

2018 年 5 月 14 日，重庆飞往拉萨的川航 3U8633 航班正在 9800 米的高空正常巡航，突然，驾驶舱右侧的挡风玻璃爆裂脱落，驾驶舱瞬间失压，气温也骤降到了 −40℃，这是一种极端而罕见的险情。在生死关头，3U8633 航班机长刘传健非常冷静地控制方向杆，果断应对，带领机组成员临危不乱、正确处置，34 分钟后平安将飞机降落，确保了飞机上 119 名旅客的生命安全。可以说，这是一次堪称史诗级的备降！

中国民航局和四川省政府授予川航 3U8633 航班机组"中国民航英雄机组"称号，授予机长刘传健（如图 8-4）"中国民航英雄机长"称号。

图 8-4　中国民航英雄机长刘传健

单元8 特殊飞行注意事项

经历了为期6个月的康复疗养后,川航英雄机组再次重返蓝天。在接到复飞指令后,机长刘传健表示:"感谢社会各界长期以来对我们个人和所在公司的关心和厚爱,我们将尽心执飞好每一个航班,确保安全飞行。"

2019年2月18日,在央视综合频道播出的"感动中国2018年度人物"颁奖盛典上,来自四川的候选人刘传健成功当选"感动中国2018年度人物"。

(摘自:民航资源网)

8.2 节日飞行

8.2.1 节日飞行的特点

节日飞行是指在春节、元旦、国庆等国家法定节日期间仍然执行任务的航班飞行。

节日期间一般是全国旅游高峰期,因此航班任务重、旅客人数多、旅客组成复杂,第一次乘坐飞机旅行的旅客也较多,客舱工作难度相应加大等,也成了节日飞行的显著特点。

8.2.2 节日飞行注意事项

1. 节日飞行乘务员自身注意事项

① 严格遵守公司制度保障生产,杜绝因个人原因造成漏飞、进场晚到等现象,按照公司节日着装要求着装。

② 在航班任务较多的情况下,应合理安排作息,保证睡眠质量,合理膳食,谨防生病。

2. 节日飞行机上注意事项

① 见到旅客,要有节日性的问候。

② 重点关注特殊旅客的服务,乘务组内部的沟通和交接以及与地面人员的交接尤为重要。

③ 外出旅游的旅客一般兴致会很高,尤其是第一次乘坐飞机的旅客,乘务员要有足够的耐心,为旅客提供服务时,应及时回应旅客的合理需求。

④ 航线及服务广播前加入节日欢迎广播词。

⑤ 航前学习各种特殊情况处置预案。

⑥ 注意机上吸烟、打架、抢占行李架等非法干扰。

⑦ 着重学习机上盗窃处置预案。

【案例资料】

万米高空过泼水节
——航空公司开展特色机上活动

2019年4月12日,云南一年一度的泼水节正式拉开帷幕,西双版纳、德宏等地的各族儿女端起纯洁的圣水,洒向每一位远道而来的客人。云南多家航空公司也开展了丰富有趣的特色机上活动,让旅客感受到了浓浓的节日气氛。

东方航空云南有限公司乘务嘉树项目组在MU5747/8昆明—天津—昆明的航班上开展

161

了一场机上泼水节活动。活动当天，旅客进入客舱，乘务员身着傣族服装，用甜美的声音向旅客问候。另外一位乘务员手持小碗用柳枝蘸取水送祝福。用餐时间，乘务员还会给头等舱的贵宾送惊喜。乘务员会将自绘的酒水菜单送到乘客面前，品种繁多，任由乘客挑选。用餐结束后，乘务员推着小车推荐自己调的鸡尾酒饮料。乘客品尝着美味饮品的同时，广播里播报："今天是傣族的泼水节，为此也为大家献上了精美的小礼物，现在您可以查看座椅口袋内是否有幸运的小礼物。"

昆明航空乘务员身穿美丽的傣族服饰，在KY8286青岛—昆明的航班上，向旅客们讲解了泼水节的由来，并与旅客互动，大家积极地回答乘务员提出的问题，答对问题的幸运旅客还获得了由乘务员精心准备的小礼品（如图8-5）。随后，乘务员手拿香包，步入客舱为旅客展示傣族服饰。"纯净的洗礼、送上祝福之水。"乘务员还将准备好的树枝和祈福的圣水洒向旅客的手掌心，祈求所有旅客来年风调雨顺、身体健康、工作顺利、幸福吉祥。

图 8-5　乘务员送出小礼品

在8L9951昆明—郑州航班上，祥鹏航空乘务员身着傣族服饰化身美丽的傣族姑娘，让乘客一登机便进入了泼水节的氛围之中。进入平飞阶段，乘务员为旅客送上精心编排的傣族舞蹈，掀起飞行中的第一轮高潮。随后，乘务员向乘客介绍关于傣族泼水节的小知识，让大家更了解节日中蕴含的文化内涵，并围绕泼水节开展有奖问答。旅客争先恐后地进行抢答，在分享节日知识的同时，还能获得祥鹏航空送出的极具傣族韵味的装饰品。浓郁的节日气息弥漫在飞机客舱内，让这愉快的氛围温暖了奔波在旅途中的人们。

（摘自：昆明信息港）

8.3 夏季飞行

夏季天气变幻莫测，开始晴空万里，转眼可能就会电闪雷鸣，飞机飞行时常会在平飞阶段连续出现颠簸,是夏季航路的主要特点。夏季的降水、平流碎云、雾以及雷暴天气是危及安全飞行和影响航班正常飞行的最主要的天气现象。

8.3.1 夏季飞行注意事项

1. 夏季飞行客舱安全注意事项

夏季的航路飞机飞行时常会在平飞阶段连续出现颠簸,客舱乘务员要做好颠簸期间的防护,并随时注意客舱温度的调节。

① 加强与机组的协调,确定轻度、中度或严重颠簸安全带信号灯提示次数,便于客舱乘务员准确判断。轻度颠簸期间,可照常服务,暂停热饮供应,及时盖好瓶盖,防止泼洒或烫伤旅客;中度或严重颠簸期间,及时撤下热饮或停止一切服务供应。

② 在服务过程中,增强安全意识,及时提醒旅客就座时系好安全带,提醒带小孩的家长看管好自己的孩子,注意热饮、餐具等可能对小孩造成伤害。

③ 安全检查落实到每个环节,在飞机起飞和下降阶段,客舱乘务员必须回座位就座,不得出现睡觉、看报及扎堆聊天现象。

④ 养成良好的工作习惯,服务设备、储物柜、餐车等需随时固定,禁止出现餐车在客舱中无人照看,或忘记踩餐车刹车的现象发生。特别是在起飞、下降期间,更要注重对客舱以及服务间物品的固定和监控。注意热饮、热食温度,避免烫伤旅客和自己。

2. 夏季飞行客舱乘务员注意事项

① 航前保证充足的睡眠,做好防暑。

② 在飞机飞行过程中,要注意多喝水,尤其是矿泉水,以补充水分,解渴润肤。也可以多喝一些苏打水,一方面能中和胃酸,保护胃部;另一方面它能起到利尿作用,能防止脚部水肿。建议在飞行途中每隔30分钟,脸部喷一次保湿喷雾。

③ 天热容易出汗,应适量喷洒香水,在迎客阶段帮助旅客安排行李之后,要注意随时整理仪容仪表,夏季容易滋生细菌,注意防范蚊虫叮咬,尽量不要外食,预防拉肚子等。

8.3.2 夏季飞行应急预案

1. 做好不正常航班服务预案

① 如果因天气原因造成航班延误,客舱乘务员需耐心做好解释工作,设身处地为旅客着想,竭尽所能地帮助旅客,特别是需转机的旅客,应取得机长帮助,联系地面,尽力协助转机旅客做好后续航班保障工作。

② 地面等待时,根据等待时间为旅客提供饮料或餐食服务,如果正值用餐时间,乘务长有权决定是否需要增配餐食。

③ 夏季台风、雷雨天气飞行前,应与机组协调好落地之后开舱门的条件,落地之后应主动询问机长可以开舱门的时机,避免风速过大损伤舱门和对客舱乘务员或旅客造成的人身伤害。

2. 做好突发疾病处置预案

① 夏季炎热天气容易使旅客感觉不适或突发疾病,客舱乘务员在客舱中要加强观察,对神色有异、有晕机反应的旅客多看多问,提供冰块、温水、清洁袋、清凉油等物品。

② 乘务长需检查清凉油(对孕妇不得提供)、硝酸甘油、黄连素等常备药品是否齐全。

③ 认真复习机上常见病处置预案，如晕机、心脏病等，保证旅客生命安全。

8.4 冬季飞行

冬季天干气燥，风极大，风速高，在飞机起飞、爬升和下降阶段，容易有持续较强的颠簸，是冬季航路的主要特点。

8.4.1 冬季飞行注意事项

1. 冬季飞行客舱安全注意事项

① 航前加强与机组的协调，明确联络暗号，确定轻度、中度或严重颠簸安全带信号灯提示次数，便于客舱乘务员准确地掌握信息，做出正确判断。

② 冷空气的到来，导致颠簸现象时常发生，乘务员应及时广播提示旅客，回座位上坐好并系好安全带，提醒上卫生间的旅客注意安全。提供餐饮服务时，可根据实际情况将热饮放在服务车里，以免烫伤旅客。中度颠簸和严重颠簸时，按照客舱乘务员手册执行。

③ 加强客舱安全意识，及时将靠近过道空座位的安全带系好，提醒旅客就座时系好安全带，提醒带小孩的家长看管好自己的孩子，不间断地巡视客舱，将安全检查落实到每个环节，密切观察客舱内的状况，随时做出相应的处置。

④ 飞机起飞、下降阶段，客舱乘务员必须回座位上坐好，系好安全带，严禁出现睡觉、看报纸及喧哗、聊天的现象。养成良好的工作习惯，随时固定服务间的设备、储物柜、餐车等，禁止餐车在客舱中无人看管，随时踩刹车。冬季机体易结冰，应随时注意观察，注意防冰、除冰，冬季南北方温差较大，旅客行李较多，应注意合理安排旅客的行李。

⑤ 冬季飞行时，为了避免水箱的水在航后期间由于气温低造成结冰，损坏水箱，机务在飞机航后期间都会将水箱的余水全部放掉，并将客舱厨房内的水阀开关关闭（OFF 位）。

冬季飞行，客舱乘务员在直接准备阶段使用机上热水器时，需注意以下几点。

a. 检查厨房水阀的开关是否已经打开。

b. 检查水表，确定水箱已经加满。

c. 按压热水器水龙头放气，直到水管内没有空气，水能顺畅流出为止。

d. 打开热水器开关进行加热。

e. 水箱没有加水前不要使用厨房电源，避免水箱干烧损坏水箱元件。

f. 确认热水器水流稳定后，才可以接通热水器的电源。

g. 热饮以不烫伤旅客但保持一定的温度为宜，直接冲泡时，加入 350mL 矿泉水，浓缩的茶水、咖啡加矿泉水应适量。

h. 如遇带有孩子的旅客要求提供热饮，原则上不予提供，如监护人强烈要求，必须以 8（冷）∶2（热）的比例提供热饮。如遇旅客要求冲泡奶粉，乘务员需在服务间按照冷热比例调试好温度并经监护人确认温度适宜后，方可交与旅客。

2. 冬季飞行客舱乘务员注意事项

① 航前保证充足的睡眠，做好御寒，谨防感冒。

② 冬季寒冷，南北方温差较大，客舱乘务员在飞行期间应注意保暖，随时注意添加衣物。

③ 冬季飞行，客舱乘务员应主动向乘务长确认着装要求，统一着装，乘务长应注意天气变化，合理安排着装，注意帽子、外套和大衣的使用和搭配。特别是穿着冬装外套、大衣时需戴帽子，穿着风衣时可不戴帽子，冬装外套上需别上号码牌。

8.4.2 冬季飞行应急预案

1．不正常航班服务预案

① 如因冬季下雪、除冰、大雾、机场关闭等天气原因造成航班延误，客舱乘务员需耐心做好解释工作，及时进行延误广播，严格按照航班延误处置程序进行处置。特别是对于需转机的旅客，应联系地面，尽力协助转机旅客做好后续航班保障工作。

② 地面等待时，根据等待时间为旅客提供饮料或餐食服务，如果正值用餐时间，乘务长有权决定是否需要增配餐食。

2．突发急病处置预案

① 冬季天气寒冷，易于感染和传播流感。客舱乘务员在客舱中应加强观察，对感冒不适、压耳等症状的旅客应多看多问，及时提供温开水、湿毛巾等，指导旅客如何防止压耳。

② 乘务长应及时检查药品的有效期，为旅客提供药品时需谨慎，并做好相关的记录。

③ 认真复习机上常见病处置预案，如心脏病、晕机症、低血糖等，保证旅客的安全。

④ 冬季飞行，空调的制热系统更加剧了机舱内空气的干燥和浑浊，容易引发呼吸道疾病，如鼻腔出血等，并使人感觉头昏不适，客舱服务应增加茶水、矿泉水等饮料的供应，并及时为需要的旅客提供温开水或湿毛巾，以缓解其不适。

思考题

1. 简述什么是高原机场和高高原机场。
2. 简述节日飞行机上注意事项。
3. 简述夏季飞行客舱安全注意事项。
4. 简述冬季飞行客舱安全注意事项。

【项目训练】

任务：选取一中国传统节日，结合航线、客舱安全注意事项、客舱服务流程、客舱乘务员任务分工等因素，拟订一份空中特色活动设计方案。

附 录

附录1
摄氏与华氏温度对照表

摄氏度	华氏度	摄氏度	华氏度
0	32	20(－20)	68(－4)
1(－1)	33(30)	21(－21)	70(－6)
2(－2)	35(28)	22(－22)	72(－8)
3(－3)	37(26)	23(－23)	73(－10)
4(－4)	39(25)	24(－24)	75(－12)
5(－5)	41(23)	25(－25)	77(－13)
6(－6)	43(21)	26(－26)	79(－15)
7(－7)	45(19)	27(－27)	81(－17)
8(－8)	46(17)	28(－28)	82(－19)
9(－9)	48(15)	29(－29)	84(－21)
10(－10)	50(14)	30(－30)	86(－22)
11(－11)	52(12)	31(－31)	88(－24)
12(－12)	53(10)	32(－32)	90(－26)
13(－13)	55(8)	33(－33)	92(－28)
14(－14)	57(6)	34(－34)	94(－30)
15(－15)	59(5)	35(－35)	95(－31)
16(－16)	61(2)	36(－36)	97(－33)
17(－17)	62(1)	37(－37)	99(－35)
18(－18)	64(－1)	38(－38)	100(－37)
19(－19)	66(－3)	39(－39)	102(－39)

计算公式：$F = 9/5 C + 32$

$C = 5/9 (F - 32)$

附录2
客舱广播词参考

登机广播词

女士们，先生们：

你们好！欢迎您乘坐_____航空公司的航班，您的座位号码位于行李架下方。请将您所有的手提行李存放在行李架上或您前面座椅下方。找到座位的旅客请您尽快入座，以方便后面的旅客登机。谢谢！

Ladies and gentlemen,

We are honored to welcome you on board. Your seat number is under the overhead bin. Kindly store all of your carry-on luggage securely in the overhead bins or under the seat in front of you. Please be seated in your assigned seat as quickly as possible and clear the aisles so we can expedite the boarding process. We appreciate your cooperation.

Thank you!

舱门关闭广播词

女士们，先生们：

机门即将关闭，请所有旅客就座，地面工作人员请尽快离机。

谢谢！

Ladies and gentlemen,

As we are about to close the cabin doors for departure, please you take your seat as soon as possible. Ground staff please leave the aircraft.

Thank you!

限制使用电子设备及安全检查广播

女士们，先生们：

我们的飞机已经准备起飞，请您系好安全带，调直座椅靠背，放下座椅扶手，收起小桌板（及脚踏板），打开遮光板，确认手机关闭或处于飞行模式，笔记本电脑、平板电脑等便携式电子设备关机并放置于行李架内或妥善存放，现在由乘务员进行客舱安全检查。谢谢！

Ladies and gentlemen,

As we are preparing for take-off, please put your seat back upright, secure your tray-table (and footrest) and put your armrests down. Please make sure that your seat-belt is securely fastened, and your window shades are fully open. All mobile phones must remain switched off or switched to the flight mode function, and portable electronic devices including laptops, iPad are switched off and stowed properly throughout the flight. Cabin crew please start safety check.

Thank you!

安全演示广播词

女士们，先生们：

为了确保飞行安全，下面由客舱乘务员进行安全演示。

Ladies and gentlemen,

Now we will show you some in flight safety information.

救生衣演示：

救生衣在您座椅下面的口袋里，使用时取出，经头部穿好。

Your life vest is located under your seat. To put the vest on, slip it over your head.

将带子扣好系紧。

Then fasten the buckles and the straps tightly around your waist.

然后打开充气阀门，但在客舱内不要充气。

To inflate, pull down firmly on the tabs, but do not inflate the vest in the cabin.

充气不足时，请将救生衣上部的两个人工充气管拉出，用嘴向里充气。

If your vest needs further inflation, you can pull out the mouth pieces from either side of the upper part of the vest and blow into the tubes.

氧气面罩演示：

氧气面罩储藏在您座椅上方，发生紧急情况时，面罩会自动脱落。

氧气面罩脱落后，请用力向下拉面罩。将面罩罩在口鼻处，将带子套在头上进行正常呼吸。

Your oxygen mask is located in a compartment above your head.

It will drop automatically if oxygen is needed. Pull the mask firmly toward you to start the flow of oxygen.

Place the mask over your nose and mouth and slip the elastic band over your head. And breathe normally.

安全带演示：

在您座椅上有两条可以对扣起来的安全带。将带子插进带扣，然后拉紧扣好，当您入座时，请您系好安全带。

There are two pieces of belts on your seat.

To fasten the belt, slip it into the buckles and pull tightly.

Please fasten your seat belt when you are seated.

应急出口演示：

本架飞机共有8个应急出口，分别位于前部、后部、中部。请不要随意拉动应急窗口的手柄。

There are 8 emergency exits on this aircraft. The exits are located in the front, the rear and the mid-cabin.

Please do not pull the handle of the emergency window.

应急照明指示灯演示：

在客舱通道及出口处还有应急照明指示灯，在应急脱离时，请按指示路线撤离。

In the event of an evacuation emergency floor lights will illuminate a darkened cabin. Lead you to these exits.

安全须知卡演示：

在您座椅背后的口袋里备有安全须知说明书，请您尽早阅读。

There is a leaflet of safety notice to passengers in the seat pocket in front of you, please read it carefully as soon as possible.

谢谢！

Thank you!

起飞前确认系好安全带广播词

女士们，先生们：

飞机马上就要起飞了，请您再次确认您的安全带已扣好系紧，手机处于关闭状态或调至飞行模式。谢谢！

Ladies and gentlemen,

Our plane will be taking off shortly. Please make sure that your seat belts are securely fastened and your mobile phones remain switched off or switched to the flight mode function.

Thank you!

欢迎词

尊敬的女士们，先生们：

欢迎您乘坐____次航班前往____。由____到____的空中飞行距离为____公里。预计空中飞行时间为____小时____分钟，飞行高度____米，请您在座位上坐好，系好安全带。祝各位旅途愉快！谢谢！

Ladies and gentlemen,

Captain and your crew welcome you aboard flight ____ to ____. The air distance between ____ and ____ is ____ kilometers. Flying time will be ____ hour and ____ minutes. We'll be flying at an altitude of ____ meters. Please make sure that your seat belt is securely fastened. Wish you have a pleasant journey! Thank you!

供餐广播词

女士们、先生们：

我们将为您提供_____餐（早餐/午餐/晚餐/夜宵/轻正餐/小吃/快餐/点心），主菜的种类有_____和_____。由于每种主菜配备的数量有限，可能无法满足您的首选，希望能得到您的谅解。同时我们还将为您提供冷热饮料。为了方便您和他人用餐，请放下小桌板，调直座椅靠背。祝您用餐愉快！谢谢！

Ladies and gentlemen,

We will be serving you (breakfast/lunch/dinner/light meal/snacks/refreshments) soon. Today, we offer choices of _____ and _____. However, due to the limited quantity of each selection, we apologize and appreciate your understanding if your choice of meal is not available. Meanwhile, we will offer you cold and hot drinks. For your and others' convenience, please put down your tray table and return your seat back to the upright position. Hope that you enjoy our in-flight meal service. Thank you.

着陆前广播词

女士们，先生们：

本架飞机大约在 30 分钟后着陆，为确保旅客和机组人员的安全，我们的客舱服务将在 10 分钟后结束，同时卫生间也将停止使用。____的地面温度____摄氏度，____华氏度。

Ladies and gentlemen,

Our aircraft will start descending in 10 minutes. For the sake of safety, Cabin Crew will stop all the cabin service 30 minutes before landing, meanwhile, the lavatories will be closed. The ground temperature is ____ degrees Celsius or ____ degrees Fahrenheit.

下降前安全检查广播词

女士们，先生们：

我们的飞机已经开始下降。请您系好安全带，调直座椅靠背，收起小桌板（及脚踏板），靠窗边的旅客请您协助将遮光板打开。请您关闭手提电脑及电子设备。为了您的安全，在飞机着陆及滑行期间，请不要开启行李架（稍后，我们将调暗客舱灯光）。谢谢！

Ladies and Gentlemen,

We are beginning our final descent. Please fasten your seat belt, return your seat back to the upright position and stow your tray table (and return your footrest to its initial position).

If you are sitting beside a window, please help us by opening the sunshades. All laptop computers and electronic devices should be turned off at this time. We kindly remind you that during the landing and taxiing please do not open the overhead bin (We will be dimming the cabin lights for landing).

Thank you!

着陆广播词

女士们，先生们：

欢迎您来到_____机场。我们将在_____号候机楼进港，机舱外的温度_____摄氏度，_____华氏度。飞机还将滑行一段距离，请您继续留在座位上并系好安全带。保持您的手机处于关闭状态，直到安全带指示灯熄灭。

全体机组成员再次感谢您选乘_____航空公司航班，我们很荣幸与您共同度过了一段愉快的旅程，期待与您再次相会。祝您在_____愉快，再见！

Ladies and gentlemen,

We have just landed at _____ airport. Terminal _____, the ground temperature is _____ degrees Celsius or _____ degrees Fahrenheit. Kindly remain seated with your seat-belt fastened and keep your mobile phones switched off until the seat belt sign goes off.

Thank you for flying our flight. We look forward to seeing you again in the near future. Have a nice day/evening in ____. Good-bye!

下机广播词

女士们，先生们：

飞机已经停稳，请小心打开行李架，带好您的全部手提物品下机，包括您的手机、电脑、贵重物品、衣物及旅行证件，并再次确认您的座椅上、座椅口袋中以及头顶上方的行李架内没有遗留任何个人物品。稍后，我们将开启（前/后/前和后）登机门，请您下机时注意脚下台阶。

谢谢！

Ladies and gentlemen,

The aircraft has come to a complete stop, please take all your personal belongings when you leave the aircraft. Including your mobile phones, computers, valuables, clothing and travel documents. Please double check your seat, seat pocket and the overhead bins. We'll open the doors. Please mind your step when you disembark.

Thank you!

找医生广播词

女士们，先生们：

请注意！现在飞机上有一位生病的旅客需要帮助，如果您是医生或护士，请立即与乘务员联系。

谢谢！

Ladies and gentlemen,

May I have your attention please?

We have a passenger in need of medical attention. If there is a medical doctor or a nurse on board, would you please press the hostess call button or contact any of our flight attendants.

Thank you!

颠簸广播词

女士们，先生们：

我们的飞机正经历较强烈的颠簸，请您坐好，系好安全带，洗手间暂停使用。正在用餐的旅客，请当心餐饮弄脏衣物。同时，我们将暂停客舱服务，请您谅解。谢谢！

Ladies and gentlemen,

Our aircraft is now experiencing some strong turbulence, and it will last for some time. Please be seated, fasten your seat belt. Do not use the lavatories. Please watch out while taking meals. Cabin service will be suspended for a moment. Thank you for your understanding.

附录3
机上遗失物品交接单

机上遗失物品交接单

Passenger Lost Item Transfer Sheet　　　　　　　　　　　　　　　　No：00001

日期 Date：	航班号 Flight No：	航段 Log：
拾物地点 Place of Found：	拾物人 Found by：	负责人 Responsible person：

物品名称及特征 Name and Charcteristics of the item：

交接人 Transferred by person： 单位 unit：	接收人 Recieved by person： 单位 unit： 联系电话 Phone No：

附录4
服务用语库（经济舱）

一、乘务员机上文明用语

您好，早晨好，中午好，下午好，晚上好。

欢迎登机，欢迎乘坐本次航班，再见，您慢走。

谢谢，非常感谢，多谢，感谢您的合作。

对不起，非常抱歉，十分抱歉，请原谅，请您谅解，打扰了。

我可以为您做些什么？您需要我做些什么？您需要我帮忙吗？我还能帮您做点儿什么吗？

请您慢用，请您拿好，当心烫手，请问您还需要吗？

好的，没关系，不必客气，当然可以，请稍等，马上来。

劳驾，拜托您，能麻烦您一下吗？

二、迎客及安排行李

1. 在登机门处迎客

您好（早上好、中午好、下午好、晚上好）欢迎登机！

您好，大爷（大妈），我帮您提行李，请跟我来。

小朋友真可爱！

我来帮您拿行李，您抱好您的宝宝，请跟我来。

2. 在客舱内迎客和安排行李

欢迎登机，（您好！早上好、中午好、下午好、晚上好）我来帮您看一下登机牌（请问您坐在哪里）。

您好，欢迎登机，座位标识在行李架边缘部分（针对第一次乘机的旅客，并用手势指引旅客查看行李架上的座位号码）。

您好！大爷（大妈），我来帮您安放行李吧。

大爷（大妈），您行李已经放好了，在××排，下机时我会帮您拿过来。

3. 旅客因安排行李挡住通道

前面的旅客，劳驾您请先让后面的旅客过一下，放不下的行李我稍后来给您安排，谢谢！

您的大件行李可以放在头顶上方的行李架上，小件行李、水果和小推车可以放在前排座椅下方。

您好！先生（女士），这件行李太重/大了，您能和我一起放吗？

很抱歉，您头顶上方的行李架已经满了，我可以把您的行李放在××排的行李架上吗？行李中有贵重物品吗？

我已经把您的行李放好了，在××排，您下飞机时别忘了过去拿您的行李。

您的座位号是××排××座，请往这边走/请跟我来。

您的座位号是××排××座，这是××排××座，请往前/后边走。

您好：××先生/女士，××座的旅客想和他的朋友坐在一起，请问您是否愿意和这位女士换个座位，这位女士的座位在×排×座。

三、紧急出口介绍及调换旅客座位

先生/女士，您好！我是本次航班的乘务员，您现在就座的是紧急出口的位置，请允许我为您介绍一下应急出口的注意事项：

这是紧急出口的操作手柄（向旅客示意），正常情况下，请您不要拉动它，并帮助我们监督不要让其他旅客触碰；在紧急情况下，请听从机组人员的指挥，作为我们的援助者，协助打开应急出口。

撤离时，打开盖板，向下拉动手柄就可以打开此出口；陆地撤离时，请您指挥旅客从这里出去，沿机翼上的箭头向机尾方向坐滑下机，并快速远离飞机。为了避免受伤，请注意提示旅客不要跳下飞机。

请您仔细阅读"安全须知"中紧急撤离时的路线和方式及"出口座位须知"中的相关职责（为旅客展示"安全须知"撤离图示和"出口座位须知"）。

您前面是紧急出口的通道，所以全程不可以放置任何的行李和物品，小桌板在座椅扶手内（打开座椅扶手，展示），当您使用完后请及时收起，以确保出口通道的畅通，在您的周围请不要摆放任何行李物品，也请您不要随意调换座位。

如果您不愿意坐在这里或是不能履行紧急情况时的职责，请您通知我们，我们会为您调换座位。

先生/女士，我所说的内容，您是否完全理解？请问您愿意坐在这个位置吗？（若旅客未给出肯定答复，需及时为旅客调换座位。）

稍后，我们将播放安全演示的录像/做安全演示，请您认真观看，谢谢！

"请问我刚所说的内容您是否完全了解？""您愿意坐在这里吗？"

对不起！打扰一下，因为这是紧急出口座位，按照安全相关规定，您不方便坐在这里，我为您调换一下好吗？

四、安全检查

① 请系好安全带！
② 请调直您的座椅靠背！
③ 请收起小桌板！
④ 请将遮光板打开！
⑤ 请关闭手机电源！
⑥ 我来帮您系好安全带，将此扣好。如需要打开，向外拉即可。

五、平飞

过道两边的旅客请小心，谢谢！

先生（女士），我们为您准备了《××报》，请问您需要阅读吗？

先生（女士），请问您要打开阅读灯吗？

我帮您打开阅读灯可以吗？

如果您的座位不舒服，可以调节一下座椅靠背角度，按住扶手处按钮向后靠就可以了。

您感觉客舱温度怎么样？

这是通风口，像这样拧开就会有空气流出，不需要时可以把它关上。

如果您感觉闷热，可以打开头顶上方的通风口，这样会舒服些。

如果您觉得凉，可以关闭头顶上方的通风口，另外我们机上还配有毛毯，请问您需要吗？

我们为您准备了××饮料，请问您喜欢哪一种？

请问您的××饮料需要加冰吗？

这是您的××饮料，请慢用。

小桌板在您座椅扶手里，需要我帮您取出来吗？

小朋友要用吸管吗？

今天我们为您准备了××米饭和××面条，请问您喜欢哪一种？

这是您的××，请慢用，餐食有点烫，请小心接好。

对不起！请您暂时把座椅靠背调直一下，以方便后边的旅客用餐，等休息时您可以随意调节，谢谢！

先生（女士），您需要用餐的时候，请按呼唤铃。

大爷（大妈），面条口感软一些，而且味道也不错，给您来一份吗？

您好！请问您还要添加饮料吗？

麻烦将您的水杯递一下，谢谢！

我给您换个新杯子好吗？

请您帮忙递一下不需要的饮料罐、餐盒等杂物，谢谢！

请留下您的水杯，稍后我们将提供茶水（咖啡）服务。

对不起，餐车收满了。请稍等片刻，我们马上为您清理。

这是我们公司的意见卡，请您留下宝贵意见。谢谢！

感谢您提出的宝贵意见，我们会及时改进的，欢迎您再次乘坐我们的航班，检查我们的改进情况。谢谢！

谢谢您给我们提的宝贵意见，我一定会向领导（有关部门）如实反映的。

您好！请问需要毛毯吗？

对不起！打扰一下，休息时请您系好安全带。

您好！我帮您清理一下桌板好吗？

您好！刚才您休息了，我们没有打扰您，请问您现在需要用餐吗？

您还需要喝点什么饮料吗？

如果您觉得不舒服，需要我们的帮助，请按头顶上方的呼唤铃，我们将及时为您提供服务。

请问有需要加茶水（咖啡）的旅客吗？

我们为您提供的是茉莉花茶（雀巢咖啡）。

其他饮料也可以为您提供，您喜欢哪一种？

六、下降回收和安全检查

对不起！先生（女士），飞机已经下降了，请您将不用的扑克牌（跳棋、象棋）交还给我们。谢谢！

对不起！先生（女士），请问您的毛毯还需要吗？

对不起！先生（女士），请您将不用的毛毯交还给我们。谢谢！

先生（女士），您如果需要继续使用的话，下机时请将毛毯放在座椅上，谢谢您的合作！

您好！请您系好安全带（调直座椅靠背，收起小桌板，打开遮光板）。

先生（女士），我们的飞机正在下降高度，为防止突发气流颠簸，给您造成伤害，洗手间暂停使用，请您回座位坐好，系好安全带，谢谢！

先生（女士），我们的飞机正在下降高度，请您抓紧时间使用洗手间，并请扶好把手。

如果您觉得耳朵不适，可以通过吞咽食物的动作来缓解。

先生（女士），这是您的衣服，请拿好。

七、飞机落地

请慢走，再见！
再见！欢迎您再次乘坐我们的航班。
请您带好您的随身物品。
飞机停靠客梯廊桥，请带好您的全部手提物品，由前登机门下飞机，感谢您的合作！
外面正在下雨，小心脚下路滑，请慢走，再见！
大爷（大妈），我来给您提行李吧，我来扶着您（请扶好扶手），慢走再见！
小朋友真乖，下次再见！

八、飞机过站旅客不下飞机

对不起！由于过站时间较短，所以就不安排您下飞机了，您有什么需要吗？
您好！请问您是到××的旅客吗？
请您在原位休息，很快我们就安排本站旅客登机，谢谢您的合作！
您可以在客梯车上呼吸一下新鲜空气，但请您不要下飞机，谢谢！
先生（女士），洗手间现在正在做清洁工作，请您稍等片刻，谢谢！
先生（女士），过站期间飞机需要加油，所以请您不要吸烟，谢谢！

九、特殊情况服务用语

对不起！由于飞机起飞时有配载平衡要求，请您先对号入座。等飞机平飞后，您可以调换喜欢的座位，谢谢！
非常抱歉，由于机上空间有限，所以占用了您座位上方的行李架，您的行李马上给您妥善安排。
先生（女士），您的行李已经放好在××排，下机时请别忘了提取（下机时我帮您从后边拿过来）。
对不起！先生（女士），我们马上给您腾出地方帮您放，给您带来了不便，希望您能谅解。
对不起！先生（女士），由于本架飞机在地面空调效果不佳，起飞以后很快就会好转，我来帮您打开通风口好吗？（我再给您拿块湿毛巾好吗？）
对不起！先生（女士），由于本次航班是由××始发，没有配××报，您看××报可以吗？
对不起！先生（女士），本次航班没有配备××杂志，您看我们有××杂志，可以吗？
对不起！先生（女士），机上配备的毛毯数量有限，已经发完了，我马上通知驾驶舱调节客舱温度。
对不起！先生（女士），我给您再换一个座位好吗？
对不起！实在抱歉，今天没有空位，我用（桌布、毛毯、干毛巾）给您垫一下可以吗？给您带来的不便，请谅解。
对不起！先生（女士），由于行李架已满，为确保飞行安全，您的超大行李我们将为您托运，希望您能谅解！
您的这件行李将放在货舱托运，请问您的行李有没有易碎物品或贵重物品？

行李条马上给您送来，您只要下机后到候机楼出口处领取就可以了。

对不起！先生（女士），这个阅读灯坏了，我为您换一个座位好吗？

对不起！先生（女士），这个阅读灯坏了，给您带来了不便，希望您能够谅解。

对不起！先生（女士），这个是阅读灯按钮，这个是呼唤铃按钮。如果您需要服务或帮助，可以按此呼唤铃按钮，如果您需要阅读，我来帮您打开阅读灯。

请您不必担心，这是发动机启动时气体进入空调管道的味道，这种味道很快就会消失，希望您能谅解。

十、乘务员的失误或者是飞机颠簸时的乘务员用语

非常对不起！先生（女士），不小心把水洒到您身上了，我来给您清理一下。

对不起！先生（女士），烫着您了，先用冰块敷一下，我马上给您去拿烫伤膏，十分抱歉！

我来帮您清理一下吧？马上再送一份（再倒一杯）给您。

您烫着了吗？我帮您清理一下吧。

先生（女士），您先别急，您有什么东西找不到了？请告诉我，我们可以帮助您一起找。

好的，我立刻报告机长，他将马上与地面有关部门联系，一有消息，他们会立即通知您。

您别急，我们会尽力为您解决。

先生（女士），您先别急，请您留下您的姓名、地址、电话号码和有关遗失物品的细节（特征），一有消息，我们的工作人员会立即通知您。

请别着急，您想想看，何时、何地丢失的。

对不起！先生（女士），我们的飞机由于（某种原因）需要等待一会儿，一有消息我们马上通知您。请您耐心等待。

很抱歉！先生（女士），飞机有点小问题，为确保飞行安全，我们需要更换零件，相信机务人员会很快修好，请耐心等待一会儿。谢谢！

您的赔偿要求，我们马上会反馈给有关部门。

您可以把联系方式留给我们，我们在航班结束后会尽快反馈给有关部门，相信您会得到一个满意的答复。

您好！我们的飞机上是不配降落伞的，因为飞机上的条件不允许我们这样做，而且这样也不安全。

我们在延伸跨海飞行的航线上才配备救生衣。

在飞机上服药可能会有不良反应，您确实需要吗？

您以前在飞机上服用过这类药品吗？

若您确实需要，请您仔细阅读此用药免责单，并请签名，我会马上把药给您送来。

这是药品的说明书和有效期，请您仔细阅读，如确认无误后，请您帮我签个字，谢谢！

请问您哪里不舒服吗？要是因为晕机感到难受，我可以帮您调节一下通风口（松开领带领口，换一个座位），您看可以吗？要是您的确需要吸氧，我们马上会给您使用的。

对不起，请问您有过肺气肿病史吗？

请您在此单据上签字。谢谢！

对不起！先生（女士），由于今天我们临时更换了飞机，这架飞机没有头等舱，希望您

能谅解。您要有什么要求请跟我们说，我们会尽量满足您。

对不起！先生（女士），由于今天旅客人数较多，经济舱已满，公司安排了部分旅客坐在前面，给您造成的不便，我们深表歉意，希望您能谅解。

先生/女士，这位旅客是我司的内部员工，由于今天航班经济舱满客，所以临时安排就座在头等舱空位，但是不享受头等舱的餐食服务，如果给您带来了不便，敬请谅解。

（对后登机旅客说明）对不起！先生（女士），由于地面工作人员的失误，使您与这位旅客的座位号重复了，我们帮您重新安排一个座位好吗？

（对刚登机旅客说明）对不起！先生（女士），由于今天有过站旅客，您的座位号与过站旅客重复了，我马上给您再重新安排一个座位可以吗？

对不起！先生（女士），我们的飞机马上就要起飞了，现在暂时不能为您提供，等飞机平飞后，我马上给您送过来。

先生（女士），这位先生是提前预订的餐食。如果您以后要有特殊要求，在航班起飞前24小时预订就可以了。

对不起！先生（女士），您要的饮料暂时没有，稍后马上给您送过来，您先喝点别的饮料可以吗？

对不起！先生（女士），您要的饮料暂时没有，我再去给您看一下，如果有马上给您送过来。

对不起！先生（女士），打扰一下，能否请您小声谈话，其他旅客正在休息。非常感谢！

对不起！先生（女士），请您先稍等片刻，我们发完后如有富余的，马上给您送来。

请稍等，我去后边问一下。

对不起！先生（女士），由于今天需要面条（米饭）的旅客较多，面条现在没有了，您看用××行吗？味道也很不错的！

您先别急，我们正在尽力帮您找。

您好！先生（女士），刚才供餐时您正在休息，一直没打扰您。请问您现在需要用点什么吗？

好的，我们马上给您送过来。

先生（女士），因为我们的工作间空间有限，不能携带大量备份餐食，请您谅解。

对不起！先生（女士），这是我们航食工作的失误，谢谢您发现问题并及时告诉我们。我再给您换一份餐食，您看可以吗？

非常抱歉！这个问题我们一定向相关部门如实反映，以后我们将避免此类事情的发生，希望您能够谅解。谢谢！

您好！先生（女士），请您先不要生气，（您先消消气）您对我们今天的服务有什么不满意的地方吗？如果有，您可以反映在我们的旅客征询意见卡上，我们一定改进。

如果您还有什么需要当面反映的，我马上请我们乘务长过来，您可以跟她（他）说。可以吗？

先生（女士），对此事的发生我们深表歉意，请您放心，公司一定会尽快、妥善处理此事，您可以先留下您的联系方式，相关部门会及时给您一个满意的答复。

对不起！先生（女士），由于我们的航程较短，所以只有小吃（饼干），请您谅解。

先生（女士），请稍等，我先为您打扫一下，您再使用。

对不起！先生（女士），为了防止干扰机组正常操作，确保飞行安全，所以飞行全程中是禁止旅客进入驾驶舱参观的。

先生（女士），等落地后，我去征求一下机长的意见，然后再答复您。

对不起！先生（女士），我马上来清理，请您先让一下，我来检查一下。

先生（女士），经过我们的检查，滴水是因为旅客行李渗漏（空调渗水）造成的，我们已经清理干净了，不会再滴水了，请您放心。

先生（女士），请用毛巾清洁一下衣服吧！（我来帮您擦擦衣服吧！）

先生（女士），请问您将烟头扔到哪里了？

对不起！先生（女士），由于这个洗手盆今天有点故障，您用湿纸巾擦手行吗？给您带来了不便，希望您能够谅解。

您好！我们的飞机是××点到达××，请问您下一班飞机几点起飞？

先生（女士），请别着急，我们到达的时间与您下个航班起飞的时间间隔还很长，正常的话，您是不会误机的。同时，落地后我可以让您先下飞机。

先生（女士），请别着急，等飞机落地后，我们将与地面工作人员取得联系，他会协助您去办理乘机手续的。

对不起！先生（女士），非常抱歉！我们会马上处理的。

先生（女士），如果您在工作上有事找我，可以与乘务组联系。谢谢！

对不起！先生（女士），我马上再给您换一条好吗？

先生（女士），这架飞机看起来是有点陈旧，但在性能方面是没有问题的，每次起飞前都会经过严格的测试和检查，您请放心乘坐。

参 考 文 献

[1] 贾丽娟. 客舱服务技能与训练 [M]. 北京：旅游教育出版社，2009.
[2] 杨桂芹. 民航客舱服务与管理 [M]. 2版. 北京：中国民航出版社，2013.
[3] 韩瑛. 民航客舱服务与管理 [M]. 2版. 北京：化学工业出版社，2017.
[4] 何蕾，陈卓，等. 空中乘务 [M]. 长沙：湖南大学出版社，2015.
[5] 何梅. 民航客舱服务实务 [M]. 北京：国防工业出版社，2017.
[6] 中华人民共和国交通运输部. 大型飞机公共航空运输承运人运行合格审定规则 [S]. 2017.
[7] 中国民用航空局. 客舱运行管理 [S]. 2019.
[8] 张怡驰. 论民航服务的特点及管理思路 [J]. 中国管理信息化，2019，22（21）：132-134.
[9] 任顺红. 浅谈乘务礼仪对提高客舱服务质量的重要性 [J]. 中国新通信，2019，21（2）：208.
[10] 王敏. 文化差异与跨文化民航客舱服务职业教育 [J]. 成都理工大学学报（社会科学版），2011，19（4）：99-102.
[11] 吕晓丽. 我国民航企业客舱服务流程管理研究 [D]. 青岛：中国海洋大学，2010.